陳金鰲傳

陳式太極拳

暨手抄陳鑫老譜

編者的話

陳鳳英是我的師姑，1936年8月28日出生於河南溫縣陳家溝，是太極拳發源地河南溫縣陳家溝嫡宗第十九代傳人，當代陳式太極拳名家，被中國溫縣國際太極拳年會評為太極拳大師。

2007年春節期間，陳鳳英師姑讓我幫助她整理一下其伯父陳金鰲先生的手稿，看看是否可以出版。那時我與她同任西安陳氏太極拳研究會①副會長。

不久後，我應邀來到陳鳳英師姑家裡。師姑從箱子裡取出一個布包給我，打開一看是兩本資料，一本較厚，一本較薄，師姑說是陳金鰲老先生留下來的，她也不知道有什麼價值，但覺得這是老人的心血，應該幫其整理出版，算是給老人一個交代。

我看了看，發現較厚的那本，是一個複印本，用小楷毛筆書寫，主要講述陳式太極拳一路拳理拳法；較薄的一本是原本，用鋼筆書寫，主要講述陳式太極拳二

① 本書統一使用「陳式太極拳」這一拳種名稱，但一些機構名稱、書名中固定使用的「陳氏太極拳」，仍保留其原有用法。

路。翻到較厚的複印本時，我立刻想起來兩三年前，我曾在陳鳳英師姑的一個徒弟家裡見過原稿，而且還逐頁照過相，當時還是用彩色膠卷照相。

接到手稿後，我迅速開始整理。首先要做的是將第一本（小楷版）手稿內容輸入到電腦裡面。這是一件辛苦的工作，要將墨跡斑斑的手抄本整理出來，還要在我原先照的原版照片和現持的影本之間反覆比對，好在我夫人薛奇英給了我很大的幫助。每有閒暇，她就主動做錄入的工作，隨後由我點校。

較難的是對第二本（鋼筆版）的整理。由於歲月久遠，這本手稿紙質已經變黃發脆，一碰就會掉渣，稍有不慎就會大片脫落。另外，這本手稿是用鋼筆書寫的，因為墨水品質較差，很多文字都已褪色而難以識別。為了保護這本珍貴的手稿，我先將其用掃描器掃描下來，再使用圖像軟體處理，儘量還原字跡。有時實在無法由電腦辨認，就戴上手套查閱原手稿，就像考古專家保護文物那樣認真仔細，儘量減少汗液對原稿的腐蝕。

在點校整理的過程中，我驚奇地發現，小楷版竟是陳氏太極拳一代宗師陳鑫所著的《太極拳圖畫講義》（後被編為 《陳氏太極拳圖說》四卷）原稿的手抄本！根據有二：

其一，陳金鰲在其小楷手抄本的前言中寫道：「吾祖父陳鑫，字品三，用十有餘年之精神，造此一路，流傳後人去練，或有其人奉行於後乎。」在結尾處標明：「重錄時在一九五九年六月二十一日成本。」說明是陳金鰲於1959年6月21日重新抄錄了陳鑫原稿。

其二，此稿與陳照丕在《陳氏太極拳匯宗》中所轉載的陳鑫原稿相似度極高，但與現今流傳的《陳氏太極拳圖說》有較大區別，後者是陳鑫老先生過世後，其5位後人編輯而成，陳金鰲就是其中之一。

此稿與《陳氏太極拳匯宗》中所載原稿絕大多數段落幾乎完全相同，兩者相差的部分是整個段落的增刪。對比兩者，即可還原陳鑫創作時不斷完善的過程。兩者加起來更可讓讀者完整還原出陳鑫《陳氏太極拳圖說》的原始面目。

陳鑫所著的《陳氏太極拳圖說》被奉為陳式太極拳的寶典，至今在太極拳理論界仍具有難以撼動的地位。該書首版時間為1933年，是陳椿元、陳雪元、陳淑貞、陳金鰲、陳紹棟5位後人在陳鑫去世4年後，在陳鑫原稿的基礎上校訂而成。至於陳鑫的原稿是什麼樣子，一直是個謎！此次發現的陳金鰲手稿，則是陳鑫原稿的手抄本，這可能是迄今為止唯一被發現的陳鑫原稿手抄本，彌足珍貴。另外，更難能可貴的是，陳照丕在其《陳氏太極拳匯宗》一書中只轉載了陳鑫書稿中的一部分，即《太極拳圖畫講義初集拳譜》，含理論部分和前十二個動作詳解。而此次公開的陳金鰲手稿完整記錄了陳鑫對一路拳完整套路的詳解，兩者之間的重疊部分又能高度印證其為陳鑫原稿，是極其難得的寶貴資料。

此書的出版，還有其重要的參考價值，對比閱讀，能讓讀者分辨《陳氏太極拳匯宗》一書中的錯誤。

流傳後人去練，或有其人奉行於後乎。

由於某些原因，陳金鰲沒有抄錄陳鑫原稿的理論部分，也沒有將動作圖繪製出來，留下了些許遺憾。但可喜的是，陳金鰲留下了不少親自示範太極拳的珍貴照片，在本書中首次公開，缺失之處由陳鳳英親自示範彌補，以饗讀者。

陳金鰲手抄時，多處出現相同讀音的別字，由此可以揣測，當時有人在給他念原文，他在抄錄。此書中，依舊使用「勁」而非「精」，可見陳鑫當年的真正用詞了。

在整理過程中，我儘量留存原稿的模樣，只是對明顯的错別字進行糾正，對明顯缺失的字詞做了補充。原稿中明顯的訛誤及衍倒之處，採用徑改的方式，不再出注，儘量使讀者閱讀順暢。我對原稿文字做了斷句，加注了標點，以便讀者消化理解。

整理中，還得到穆小娟、馬亞亞、張力三位學生的幫助，在此一併感謝！

吳穎鋒

目錄

流傳後人去練，或有其人奉行於後乎。

流傳後人去練，或有其人奉行於後乎。

顛沛流離，文武兼備

一代宗師陳金鰲

陳金鰲（1899—1971），字文斗，河南省溫縣陳家溝人氏，陳氏第十八世，陳氏太極拳第九代傳人，陳氏太極拳第八代宗師陳垚嫡孫。

陳公生於太極世家，先輩多為名聞遐邇之太極名家高手，尤其是其祖父陳垚和三祖父陳鑫，一武一文，在陳氏後輩至今無人企及。

曾祖父陳仲甡因率村民抗擊擾民匪軍並誅殺匪軍頭目「大頭王」而名震方圓數百里，被清政府封為武節將軍驍騎尉。

祖父陳垚功力深厚，冬不穿棉，夏不露體，其內力能使粘身蚊蠅隨之運動，功力收發自如，據說當時方圓無人敢與其較量，其事蹟在陳家溝廣為流傳。

有一年，垚老去他岳父家拜年，岳父家一幫小弟兄們聽說他會拳，決定試他一下。於是就在他跪下磕頭拜年時，幾人同時從後面按住他，結果他稍加抖動便將眾人彈出。待要離開回家時，有人不服，從後面趕上，伸手從其胯下上攬，結果被垚老從其襠下將手扣住，垚老也未回頭，一直向前走，待後面施襲之人忍受不了喊饒，才將其鬆開，那人被扣住的一隻手已發青發黑。大家這才知其厲害。

三祖父陳鑫文武兼修，尤長文章，深研太極拳理，其著作《陳氏太極拳圖說》被奉為太極寶典，是今人研習太極理論的基礎。陳金鰲深得兩位祖父秘傳，自幼聰穎靈悟、文武雙修，加之刻苦磨礪，日積月累所得甚豐。

祖父陳垚去世後，陳金鰲師從三祖父陳鑫，年至廿歲，其拳架、器械已在村中享有盛名，尤其精通各種器械，深得村中長輩贊許。

其父陳上元練就一對幾十斤重的鞭，功夫很好，在家鄉黃河橋一帶做生意養家糊口。

因陳金鰲參與了陳鑫《陳氏太極拳圖說》與《三三六拳譜》的編寫，當時國民政府的陳漢林便邀其去河南大學（開封）教學。1928 年，陳金鰲開始在學校教授武術。

據其弟子劉九功（1911—1995，溫縣趙堡鄉人）講，當時所教之人後來大都當了地方官。然好景不長，後來，日本侵略軍野蠻踐踏中原大地，陳金鰲被迫離開家鄉，先後到漢口、寶雞、西安等地謀生，開始了顛沛流離的艱難歲月。此後他再也沒有回過生他養他的陳家溝，直至 1971 年在西安其侄女陳鳳英家去世。

在武漢期間，陳金鰲率劉九功等「碼頭赤手」勇鬥黑幫，一時傳為美談。後劉九功決心跟陳金鰲學拳，兩人雖為師徒，但因年齡相仿，不分彼此，以兄弟稱，為至交好友。

當時在武漢的許多河南人後來都到了陝西寶雞，1949 年，陳金鰲受劉九功邀請也去了寶雞，住在寶雞十里鋪，並在十里鋪寒家岩蔬菜合作社上班，直至退休。在寶雞，陳金鰲教了一些徒弟，有劉長慶等人。

1961 年，老伴去世後，陳金鰲孤苦一人，寶雞一王姓徒弟曾邀請陳去他家住，頤養天年。後來老人還是被侄女陳鳳英接到西安。

陳金鰲平素言語不多，性情耿直，剛正不阿，為人謙虛，從不惹事，也極少刻意向人顯示其太極神技。

初來西安，陳金鰲在馬廠子一道巷租一間房住，房子很小，一個土炕占去大半，另有一小桌、一熱水壺。據說常有高人深夜去他的小屋造訪，他只能以一杯白開水招待，有人常在深夜聽見其屋內的小聲絮語。他先在馬廠子口擺菸攤賣紙菸，後來還在城隍廟擺過菸攤，賣過菜，勉強維持生計。

西安冬天的早上特別寒冷。有一天早晨，下過雪的地上凍著厚厚的一層冰，從西邊走來一位肩背禪杖，赤著雙腳，身穿單衣的老年僧人。他在陳金鰲的菸攤前停下腳步，一動不動地站立著。陳金鰲不經心地問了一句：「是買菸還是化緣？」

僧人只是不語。

陳金鰲又隨口說道：「如果不買菸，也不化緣，就請站旁邊，別擋做生意。」

僧人還是不語，也不走開。陳金鰲伸手輕撥，想使僧人往旁邊站一點。在手剛觸及僧人身體時，突然感到一股剛健之力反彈回來。

陳金鰲立刻意識到此僧人功力深厚，來者不善，可能是有意試探自己。於是，他趕緊運用內力化解並將其搓動。這位老僧也不甘示弱，陡增內力，想抗解陳的搓力。無奈老僧功力不濟，不由自主地在原地轉了一圈。

一場小小的較量之後，僧人抬起雙目，微微一笑，雙目流露出欽佩之光，也不言語，向東而去。僧人走後，圍觀者見僧人立足之處有一深圓坑。眾人驚歎此僧功力深厚，更歎陳金鰲一臂能將僧人搓動的內力。陳金鰲見坑，急忙追去，那僧人已無影蹤。

在西安，晨練的人有很大一部分在城牆四周。陳金鰲也領著徒弟在城牆根練拳。早晨練拳時，大家總是將脫去的外衣隨手掛於樹枝上，但陳金鰲卻從衣袋取出一顆鐵釘，用手指按入樹幹。每次練完拳，為了安全，避免掛傷別人，總是運氣將鐵釘按進樹幹，待第二天用時再徒手拔出。徒弟好奇，也有上去按的，但鐵釘卻絲毫不進。

有一年夏天，一天晚上，陳金鰲與徒弟從市體育場乘涼回來，走到解放路口，徒弟正問到玉女穿梭之用法，適逢陳金鰲老師心情特別好，指著路中間一個直徑3公尺、一人高的崗台對徒弟說：「好吧，我就試一試玉女穿梭。」

正在徒弟想著在崗台邊怎麼打時，只見陳金鰲前腳一點，噌的一聲，其身影已然從崗台上飄過，落地悄然無聲。徒弟們都是第一次見到輕功，若不是親眼目睹，真是不太相信的。

一日，陳金鰲無事，到了一徒弟學徒的飯館，夥計見是陳師到了，圍著非要陳師打一遍拳，而且要看太極拳的發勁。陳金鰲推辭不過，只得表演。但見其拳架渾厚纏綿，彈抖脆極，一聲震腳，彷彿大地在顫，吸引了眾多觀看者。二樓一小夥計慌慌張張跑下樓，對老闆說：「陳師父一震腳，二樓小缸的水都震得嘩嘩響，牆上直往下落土。」

演示完畢，眾人皆歎陳金鰲內力深厚，拳術精湛。從此跟陳金鰲學拳者更多。

陳金鰲收徒特別注重人品，且能因材施教，根據各人資質有計劃地教授。教徒時從不收取費用，且能傾其所學。他常常依據人體原理和各人時間，遵循循序漸進的原則，一個動作教成百上千遍，不厭其煩地言傳身教，以身示範。

陳金鰲武德高尚，深受人們稱讚。他對徒弟們約束也很嚴：不許與別人比武，不能逞強。陳金鰲閒時也到徒弟家走動。見師父到來，徒弟們總是想多炒幾樣菜、備酒招待，每逢此景，陳師父總道：「家道都不富有，食能裹腹足矣，不可鋪張。」

由於得到陳鑫真傳，後又參訂陳鑫《陳氏太極拳圖說》這一精深著作，陳金鰲對拳理十分精通，每式如何走化，對徒弟講得很清楚。他常講：練拳應先明理，懂得拳理，自然就進步快。誠如陳鑫所說：「學太極拳先學讀書，書理明白，學拳自然容易。」

受陳鑫影響，陳金鰲特別注重從拳理上理清思路，要求徒弟們涉獵周易、八卦、傳統中醫原理、陰陽理論、力學、解剖學等，掌握一些基礎理論，熟悉人體構成及身體各部位的要害所在，將複雜深奧的太極原理滲透在一招一式、舉手投足之中。

西安體育學院教授周稔豐自幼學拳，拳藝精湛，內外皆通。遍訪名師，交手時很少有敗績。陳金鰲在寶雞時，周稔豐訪了多次未果。聽說陳金鰲來西安後，他又多次造訪，並深為陳師的功夫和人品折服，遂拜在陳金鰲門下。

有一次周稔豐問道：「長拳被人抱了後腰可以解脫，陳氏太極拳能否解脫？」

陳金鰲笑了笑說：「可以試試。」

周稔豐便從後攔腰將陳金鰲抱住，氣沉丹田，雙手似鐵箍一般。只見陳金鰲腰一抖，周稔豐便從其身後「呼」地摔了出去。

陳金鰲問：「看清了沒有？」

周稔豐道：「沒有。」

周稔豐復抱緊，這次還特別注意其襠腰抖力。陳金鰲又輕輕一抖，周稔豐還是和上次一樣被摔了出去。

當時在場之人只是看到了一抖，但都不明白周稔豐是怎樣被摔出的。後來陳金鰲看到周稔豐憨厚老實、虛心求教，也就仔細對其講解。

事後周稔豐說：「我與許多拳師過過招，推過手，縱有高手攻我時，總能化解一部分；要是化解不了，我也至少知道對方的意圖和力的方向。只是與陳師父推手時，我是在無形中被動，挨打時全然不知。」

一次，周稔豐與陳金鰲聊天，說從古拳書上看到，有人能將長槍在一招之內抖出多種力道，分別攻擊多個點，但自己聞所未聞，更沒見過，問此事是否可信。

陳金鰲讓他拿桿槍來，在西安古城牆下，陳金鰲收腰束肋之際氣沉丹田，開胯拔腰之間氣貫槍桿，一勁抖出，如靈蛇出洞，令人眼花繚亂，但聽得「叭、叭、叭、叭……」之聲過後，槍收勢停，只見剛才槍尖所指之處，城牆上直徑 10 公分範圍內有十多個擊打點，可謂繁星點點。周稔豐驚訝不已，半天沒說出一句話。事後周稔豐說，真是開眼了，有些不可思議，從此更用心跟陳老師學拳。

陳金鰲晚年結合自己多年的經驗，精研太極之變化，以及太極與人體生理、與各關節間的相互關係。經過逐步實踐，形成目前西安陳式太極拳小架的主要風貌之一。它陰陽開合，強身健體，攻防自如，是人們益壽延年不可多得的拳術。老人家在彌留之際，還自歎愧對先祖，未來得及著書，只能將文字資料留給後世。

用十有餘年之精神，造此一路。

守護經典，傳承家學

太極明師陳鳳英

陳鳳英，女，1936 年 8 月 28 日出生於河南溫縣陳家溝，係陳家溝陳氏第十九代後人，陳氏太極拳第十一代傳人，國際太極拳大師。

現任陝西省武術協會委員、西安陳氏太極拳研究會副會長、西安陳金鰲太極拳學會副會長。

1937 年，中原大地遭受日寇鐵蹄踐踏，民不聊生，陳鳳英隨家人沿隴海鐵路線西行逃荒，最後定居於西安。陳鳳英出生於陳家溝望族，其曾祖父陳垚、祖父陳上元、伯父陳金鰲、父親陳金榜都是陳家溝名聲顯赫的太極拳師。

受家族習武之風陶冶，陳鳳英自幼隨父陳金榜學拳，成年後又隨伯父陳金鰲習拳。陳金鰲太極功夫精湛，深得家傳絕學之精髓，參與了其三祖父陳鑫著《陳氏太極拳圖說》的編輯修訂工作，深刻領悟陳式太極拳拳法要義，理論功底深厚。

陳金鰲無嗣，陳鳳英秉性善良孝順，在自家生活並不富裕的情況下，1964 年，將退休孤獨的伯父陳金鰲從寶雞接到西安自己的家中奉養，直到 1971 年陳金鰲去世。

陳金鰲對陳鳳英言傳身教，細緻入微，即便是在陳鳳英工作最繁忙的階段，也是「許可你不練，但不許你不知道」。陳金鰲教拳時注重理論和實踐相結合，把每個動作從外到內說得清清楚楚。經過伯父多年悉心栽培，加之自己多年領悟，陳鳳英在陳式太極拳內在功法、拳術理論等方面造詣頗高。她所著的太極拳論文《五陰五陽》獲得首屆中國焦作國際太極拳年會優秀論文獎。

2006 年，陳鳳英被中國溫縣國際太極拳年會評為國際太極拳大師；2008 年，獲溫縣國際太極拳交流賽優秀表演獎。現如今，陳鳳英活躍在古都西安的武林，每天在雄渾厚重的城牆下教授弟子，弘揚太極。

陳金鰲圖解
陳式太極拳六十四式

蓋無極者，一無所有。

無形聲不曰無極，而曰太極。

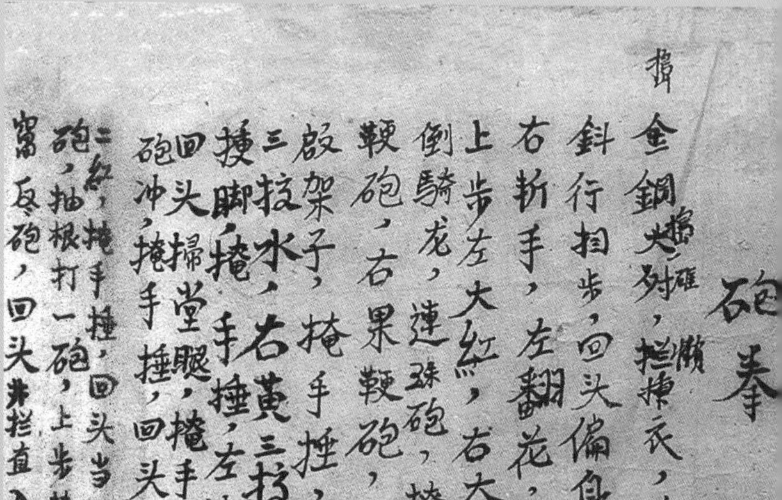

砲拳

揖 金鋼大對（搗碓），攔（懶）擦衣，單鞭，护心拳，
斜行扫步，回头偏身捶，左指当，
右斩手，左翻花，右舞袖，耕面瞍拦肘，
上步左大紅，右大紅拳，玉米撑樓
倒騎龙，連珠砲，掩手捶，回头左果
鞭砲，右果鞭砲，护心拳，寿头式，
啟架子，掩手捶，回头抹紅，左黃
三拉水，右黃三拉水，左摟
摟脚，掩手捶，左冲，右冲，[illegible]
回头掃堂腿，掩手捶，左拳砲，右拳
砲冲，掩手捶，回头倒摟，左朵二紅，右朵
二紅，掩手捶，回头当头砲，便式耕面大拉
砲，抽根打一砲，上步耕面[illegible]步
窩底砲，回头非拦直入式。

炮　拳

金剛搗碓，攬紮衣，單鞭，護心拳，斜行拗步，回頭偏身捶，左指襠，右斬手，左翻花，右舞袖，掩手捶，轉面腰攔肘，上步左大紅（拳），右大紅拳，玉女穿梭，倒騎龍，連珠炮，掩手捶，回頭左裹鞭炮，右裹鞭炮，護心拳，獸頭式，劈架子，掩手捶，回頭抹紅，左黃（龍）三攪水，右黃（龍）三攪水，左擦腳，右擦腳，掩手捶，左沖，右沖，****（上步掩手）捶，回頭掃堂腿，掩手捶，左拳炮沖，右拳炮沖，掩手捶，回頭搗岔，左朵二紅，右朵二紅，掩手捶，回頭當頭炮，變式轉面大捉炮，抽根打一炮，上步轉面順肋肘，（上）步窩反炮，回頭驚攔直入式。

（編者注：第一二頁非陳金鰲的筆跡，從第三頁起皆為陳金鰲筆跡。）

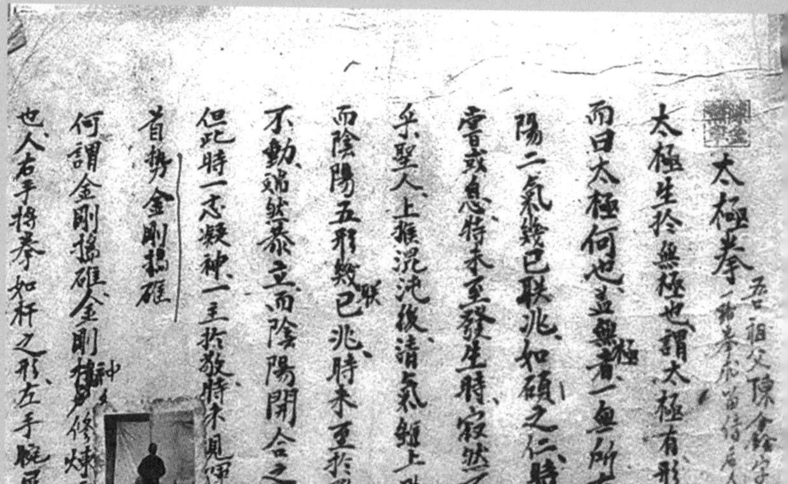
太極拳
太極生於無極也，謂太極有形聲乎，曰無有。無形聲不曰無極、
而曰太極何也，蓋無極者，一無所有，而太極者，理自具於中，陰
陽二氣幾已朕兆，如碩之仁，時當嚴冬，雖未發生，而生機未
嘗或息，特未至發生時，寂然不動也，苟或停止，天地何自而
分，聖人上推混沌後清氣雖上升而為天，濁氣雖下降而為地，
而陰陽五形數已朕兆，時未至於發見耳。打拳初上場，亦是寂然
不動，端然恭立，而陰陽開合之機，已寓消息之故，已具於胸中，
但此時一志凝神，一主於敬，特未見運動之形耳，故曰無極，而曰太極。
首勢 金剛搗碓
何謂金剛搗碓，金剛神修煉之精，如金剛，其手所持者降魔杵
也，人右手將拳如杵之形，左手屈如臼之形，右手落在左手腕中，如同

無形聲不曰無極，而曰太極。

太極拳

吾祖父陳鑫，字品三，用十有餘年之精神，造此一路拳術，流傳後人去練，或有其人奉行於後乎。

太極生於無極也。謂太極有形聲乎？曰無有。無形聲不曰無極，而曰太極，何也？蓋無極者，一無所有，而太極者理自具於中，陰陽二氣幾已朕兆。如碩之仁，時當嚴冬，雖未發生而生機未嘗或息，特未至發生時，寂然不動也。苟或停止，天地何自而乎？聖人，上推混沌後，清氣雖上升而為天，濁氣雖下降而為地，而陰陽五行幾已朕兆，時未至於發現耳。打拳初上場，亦是寂然不動，端然恭立，而陰陽開合之機，盈虛消息之故，已具於胸中。但此時一志凝神，一主於敬，時未見運動之形耳。故（不）曰無極，而曰太極。

首式　金剛搗碓

何謂金剛搗碓？金剛，神名。修煉之精，如金如剛。其手所持者，降魔杵也。人右手捋拳，如杵之形；左手腕屈，如臼之形。右手落在左手腕中，如同搗碓。象形也。此伏七星拳之脈。

蓋無極者，一無所有。

無形聲不日無極，而日太極。

敍雞象形也、此伏七星拳之勝。　節解。左肘沉下左肩鬆
下周身精神振興不振、全係頂勁、故頂勁要提起、右肩鬆下兩
肩無上架右肘沉下、肘不沉下肩易上搊、胸向後微合、足脛
微向上泛、左右足並齊、立必端正、足指足髀足踵皆用力、手臂膀勁
鬆下去、小肚向前運起、沉下去、氣歸丹田、兩膀上提、兩膝微合屈
屈則襠能撐開、兩足根向外翻綳、襠自開　將

引蒙

未運動、站立當場、足容重、手容恭、兩手下垂、頭容正、目容肅、聽
思聰、立要齊、心中一物無所、混然一太極氣象、將運動時、心機一動
左右手一齊發動、自下而上、自外而裏、轉一個大圈、左手在裏、洛於與胸前、
腕朝裏上、指微屈、大指向上、右手由左手外往將拳向上往裏落在左手腕中、手
虎口向上、兩手發動時、周身上下一齊發動、兩膝微屈而、屈則襠自開

節解

左肘沉下，左肩鬆下。周身精神振與不振，全係頂勁，故頂勁要提起。右肩鬆下，兩肩無上架。右肘沉下，肘不沉下，肩易上揭。胸向後微收合。屁股微向上泛。左右足並齊，立必端正。足趾、足腓、足踵皆用力平踏。腰勁鬆下去。小肚向前運起，沉下去，氣歸丹田。兩胯上提，兩膝微合屈，屈則襠能撐開。兩足跟向外硼，襠自開。（圖 1）

圖 1　金剛搗碓

引蒙

未運動，站立當場，足容重，手容恭，兩手下垂。頭容正，目容肅，聽思聰。立要齊。心中一物，無所混然，

蓋無極者，一無所有。

陳金鰲傳陳式太極拳

暨手抄陳鑫老譜

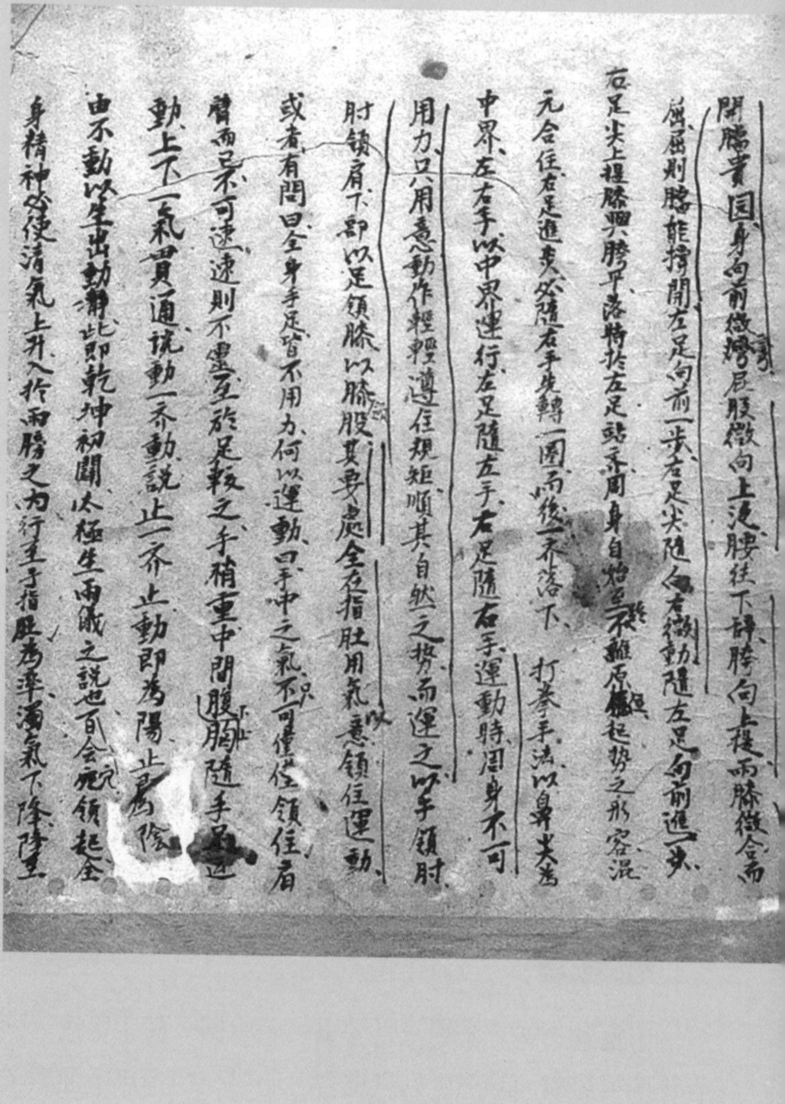

開襠貴圓、身向前微彎、屁股微向上泛、腰往下蹲、胯向上提、兩膝微合而
屈、屈則襠能撐開、左足向前一步、右足尖隨向右微動、隨左足向前進一步、
右足尖上提、膝與胯平、落時於左足跟齊、周身自始至終不離原位、起勢之形容混
元合住、右足進步、必隨右手先轉一圈而後一齊落下、打拳手法以鼻尖為
中界、左右手以中界運行、左足隨左手、右足隨右手、運動時周身不可
用力、只用意動作、輕輕遵住規矩、順其自然之勢而運之、以手領肘、
肘領肩、下部以足領膝、以膝領股、其要處全在指肚、用氣意領住運動、
或者有問曰全身手足皆不用力、何以運動、曰手中之氣不可僅住、領住肩
臂、兩足不可遠、遠則不靈、至於足頓之、手稍重、中間腹胸隨手足運
動、上下一氣貫通、說動一齊動、說止一齊止、動即為陽、止即為陰、
由不動以生出動靜、此即乾坤初闢、太極生兩儀之說也、百会穴領起全
身精神、必使清氣上升、入於兩膀之內、行至手指肚為準、濁氣下降、降至

無形聲不曰無極，而曰太極。

一太極氣象。將運動時，心機一動，左右手一齊發動，自下而上，自外而裏，轉一個大圈。左手在裏，落於胸前，腕朝上，指微屈，大指向上。右手由左往外捋拳，向上往裏落在左手腕中，手虎口向上。兩手發動時，周身上下一齊發動。兩膝微屈而合，屈則襠自開。開襠貴圓。身向前微彎，屁股微向上泛。腰往下辭，胯向上提。兩膝微合而屈，屈則襠能撐開。左足向前一步，右足尖隨向右微動，隨左足向前進一步。右足尖上提，膝與胯平，落時與左足站齊。周身自始至終不離原位。起勢之形容，混元合住，右足進步，必隨右手先轉一圈，而後一齊落下。打拳手法，以鼻尖為中界。左右手以中界運行，左足隨左手，右足隨右手。

運動時，周身不可用力，只用意。動作輕輕，遵住規矩，順其自然之勢而運之。以手領肘，肘領肩，下部以足領膝，以膝領股。其要處全在指肚用氣，以意領住運動。或者有問曰：全身手足皆不用力，何以運動？曰：手中之氣，只可僅僅領住肩臂而已，不可速，速則不靈。至於足，較之手稍重。中間胸腹隨手足運動，上下一氣貫通，說動一齊動，說止一齊止。動即為陽，止即為陰。由不動以生出動靜，此即乾坤初闢，太極生兩儀之說也。百會穴領起全身精神，必使清氣上升，入於兩膀之內，行至手指肚為率；濁氣下降，降至足趾肚為率。每逢一勢終，上體之氣皆歸丹田。蓋心氣一降，則全體之氣即下降。

蓋太極拳此勢是正身法，端而肅，實而虛，柔而剛，簡而賅，上下四旁，皆可照顧。理實氣空，運行無滯。圓

蓋無極者，一無所有。

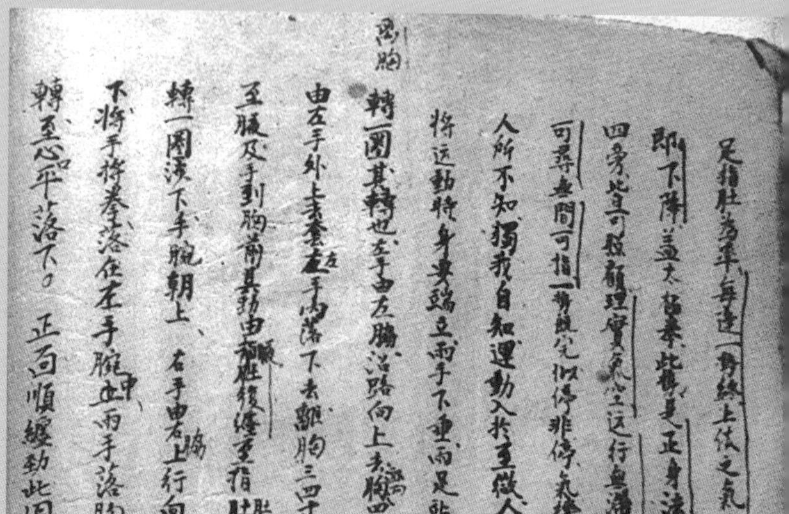

足指肚為準無違一静然上依之氣常歸丹田益心氣一降則全体之氣即下降蓋太極拳此構是正身法端而肅實而虛柔而剛簡而該上下四旁此是可發顏理實氣空运行無滯圓轉自如得太極初開之原無端可尋無間可指一静無完似停非停氣機暫運仍勁方完至手完足下勢自遂人所不知獨我自知運動入於至微人所难知惟我運之以神我自知之

將运動時身要端立兩手下垂兩足站離開尺許心一發念左手領左足上行轉一圈其轉也左手由左脇沿路向上去胸四五寸轉向裏落下去右手由右脇上前由左手外上去套左手內落下去離胸三四寸停住上圖一發动其勁由手指肚遙至腿及手到胸前其勁由指肚後達至指肚

護胸

左手由左上行至眼平從右手裏邊轉一圈後下手腕朝上　右手由右上行向外轉一圈上行至眼平由胸前波下將手將拳落在左手腕中兩手落胸前。此兩手皆在胸前相套而繞轉至心平落下。　正面順纏勁此圖　金剛搗碓一勢乃日足側楞手

無形聲不曰無極，而曰太極。

轉自如，得太極初闢之原象。無端可循，無間可指。一勢既完，似停非停。氣機漸運，內勁方充。至於充足，下勢自生。人所不知，獨我自知。運動入於至微，人所難知，惟我運之以神，我自知之。

內勁

將運動時，身要端立。兩手下垂，兩足站離開尺許。心一發念，左手領左足上行，離胸，轉一圈。其轉也，左手由左肋沿路向上去，離胸四五寸，轉向裏落下去。右手由右肋上前，由左手外上去，套左手內落下去，離胸三四寸停住。

手一發動，其勁由手指肚纏至腋；及手到胸前，其勁由腋復纏至指肚。

左手由左肋上行至眼平，從右手裏邊轉一圈涉下，手腕朝上。右手由右肋上行，向外轉一圈，上行至眼平，由胸前涉下，將手捋拳落在左手腕中。兩手落胸前。此兩手皆在胸前相套而繞轉至心口平，落下。（圖 2）

金剛搗碓一勢，乃是側楞手上行，獨左手落時手心向上。

凡手足裏往外去者，皆是順纏，見圖 2。心氣下降，襠亦隨之下降。而後，意思從下而上行者，自外向裏轉一圈，全身上下皆隨之，無一處不轉。凡手足一動一靜，皆是轉一圈，非用纏絲不可。或向裏纏，為合勁；如向外者，為開勁。凡動則手足易見其纏。及每勢將終，即靜之時也。靜時其機不停，入於微細，入不易見。即此亦不離

蓋無極者，一無所有。

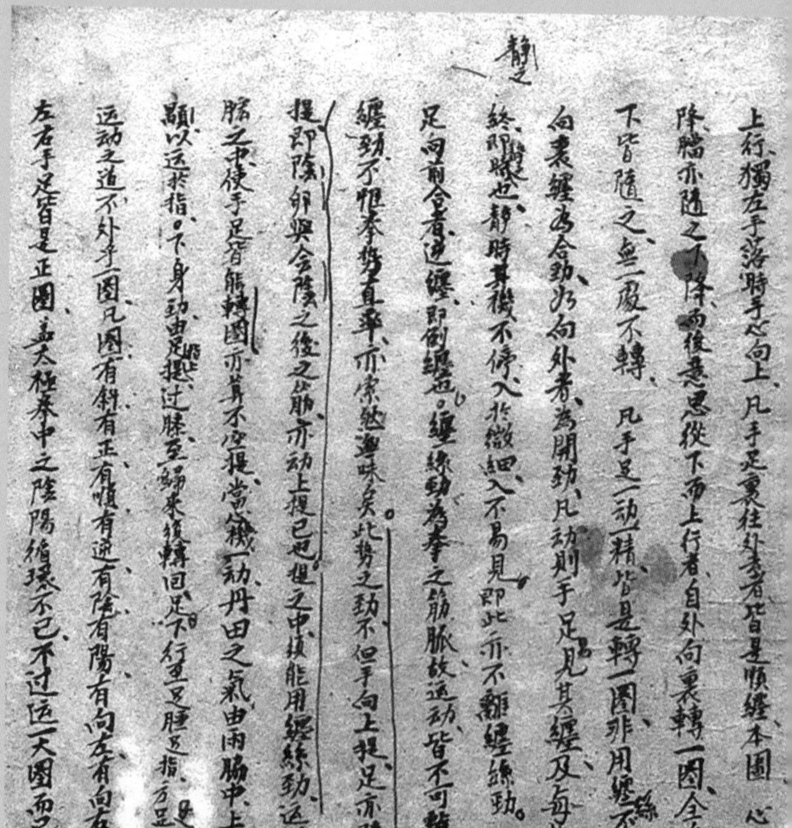
上行，獨左手落時手必向上，凡手足裏往外走者皆是順纏本圈，心氣下降，膽亦隨之下降，而後意思從下而上行者，自外向裏轉一圈，全身上下皆隨之，無一處不轉，凡手足一動，一精皆是轉一圈，非用纏絲不可，或向裏纏為合勁，或向外者為開勁，凡動則手足見其纏及每勢將終，即靜也，靜時其機不停，入於微細，入不易見，即此亦不離纏絲勁。凡手足向前合者，逆纏，即倒纏也。纏絲勁為拳之筋脈，故運動皆不可離，一離纏勁，不惟拳勢直率，亦索然無味矣。此勢之勁不但手向上提，足亦隨之上提，即陰卵與會陰之後之筋亦動上提，已提之中須能用纏絲勁運動於股膝之中，使手足皆能轉圈，亦莫不空提，當其機一動，丹田之氣由兩脇中上行肩臑以運於指。下身動由足提，過膝至歸來復轉回足下，行至足腫足指，方足落地。運動之道不外乎一圈，凡圈有斜有正，有順有逆，有陰有陽，有向左有向右，此勢左右手足皆是正圈，為太極拳中之陰陽循環不已，不過運一大圈而已，合衆

靜之

無形聲不曰無極，而曰太極。

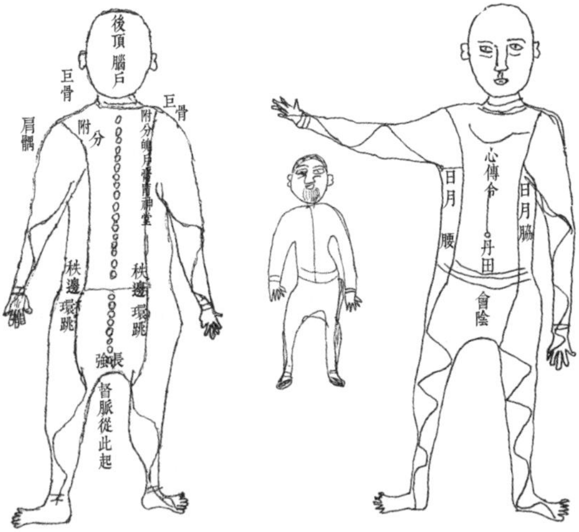

圖 2　纏絲勁路線圖

纏絲勁。凡手足向前合者，逆纏，即倒纏也。

纏絲勁為拳之筋脈，故運動皆不可離。一離纏絲勁，不惟拳勢直率，亦索然無味矣。

此勢之勁，不但手向上提，足亦隨之上提，即陰卵與會陰之後之筋亦動，上提已也。提之中，須能用纏絲勁，運動於股肱之中，使手足皆能轉圈，亦算不空提。當心機一動，丹田之氣由兩肋中上行肩髃，以運於指。下身勁，由足趾上提，過膝，至歸來復轉回足，下行至足踵、足趾，方足落地。運動之道，不外乎一圈。凡圈，有斜、有正，有順、有逆，有陰、有陽，有向左、有向右，此勢左右手足皆是正圈。蓋太極拳中之陰陽循環不已，不過運一大圈而已，人秉陰陽之氣，以生吾之身，即太極之身也。以無形之太極，宰陰陽有形之太極（**指人，指人身說**），人皆知之。至以有形之太極，運吾無形之太極（**指人身陰陽之理說**），而反不知，何也？蓋欲速之心蔽之也。此拳

蓋無極者，一無所有。

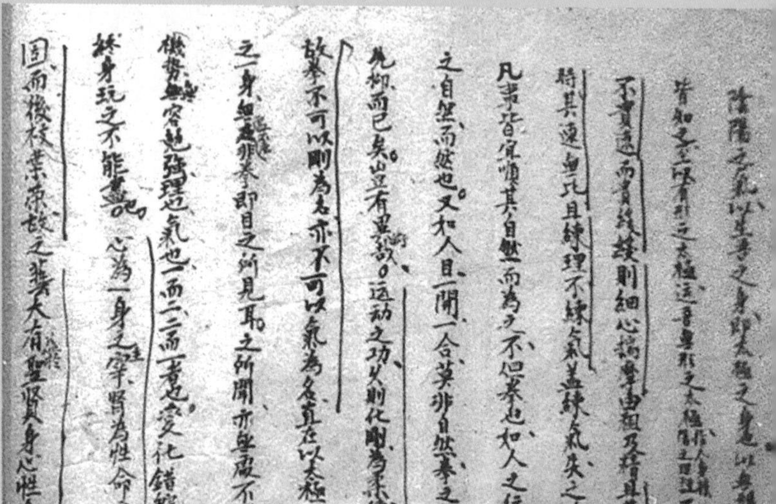

陰陽之氣以生身之身即太極之身也以無形之太極寓陰陽有形之太極之人
皆知之[illegible]有形之太極[illegible]無形之太極[illegible]而反不何道[illegible]速之[illegible]之也此拳之用
不貴速而貴緩緩則細心揣摩由粗及精其精[illegible]能如此[illegible]將來功夫成
恃其速無見且練理不練氣蓋練氣夫之必硬硬則轉動不靈練理則氣壯
[illegible]之原
凡事皆宜順其自然而為之不但拳也如人之行路左足行右足止右足行則左足止皆太極
之自然而然也又如人目一開一合莫非自然拳之一擒一縱一闔一闢亦猶是欲抑先揚欲揚先
先抑而已矣豈有異哉運動之功久則化剛為柔練柔為剛剛柔得中方見陰陽
故拳不可以剛為名亦不可以柔為名直以太極之無名名之也拳之運動在心心機一動吾
之一身無處非拳即目之所見耳之所聞亦無處不是拳心者活動則身所形者皆太極自然之
機勢無容勉強理也氣也一而二二而一者也變化錯綜莫非盈虛消息之故耳其味無窮有
終身玩之不能盡也 心為一身之宰腎為性命之原必先清心寡慾培其根本
固而後枝葉茂故之[illegible]大有聖賢其身心性命之學聖賢以此理實行於人倫之間

無形聲不曰無極，而曰太極。

之用，不貴速而貴緩。緩則細心揣摩，由粗及精，且其精運到指肚與否？能如此運，將來功夫成時，其速無比。且練理不煉氣，蓋煉氣失之必硬，硬則轉動不靈。練理則氣壯（此推內勁之原）。凡事皆宜順其自然而為之，不但拳也，如人之行路，左足行右足止，右足行則左足止，皆太極之自然而然也。又如人目，一開一合，莫非自然。

拳之一擒一縱，一闔一闢，亦猶是欲抑先揚、欲揚先抑而已矣，豈有異術哉？運動之功，久則化剛為柔，練柔為剛。剛柔得中，方見陰陽（此即乾坤之正氣，言氣而理在其中）。故拳不可以剛為名，亦不可以柔為名，直在以太極之無名為名也。拳之運動在心，心機一活動，吾之一身無處不應，非拳即目之所見、耳之所聞，亦無處不是拳。心苟活動則身所形者，皆太極自然之機勢，無容勉強。理也，氣也。一而二，二而一者也。變化錯綜，莫非盈虛消息之故耳。其味無窮，有終身玩之不能盡也。

心為一身之主宰，腎為性命之原，必先清心寡慾，培其根本。根本固而後枝葉榮。故，此藝大有益於聖賢身心性命之學。聖賢以此理實行於人倫日用之間。

打拳，以此理推之，實運於五官百骸之內。聖賢復性，此言順其自然。自然正所以為復性，不可以歧而視之也。格致誠正，一而已矣。吾故曰，聖賢身心性命之學，每一勢必有當然所以然之故，當細心研究。吾謂一勢之中，有千言萬語不能罄其妙。一經現身指示，易如反掌。所難者，功夫。尤難者，知行並進。有久長之功夫，年積日累，才能有益，妙之神也。

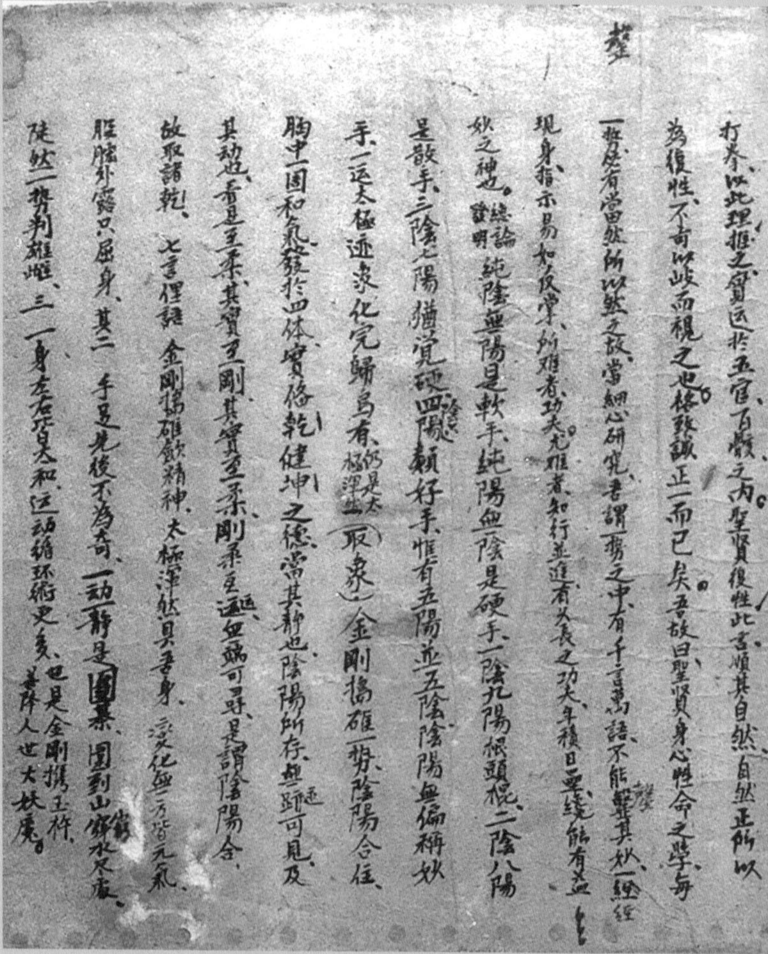

拳

打拳，以此理推之，實運於五官、百骸之內。聖賢復性，此言順其自然，自然正所以
為復性，不奇以歧而視之也。惟致誠正一而已矣。吾故曰聖賢身心性命之學，每
一勢莫不有當然所以然之故，當細心研究。書謂一勢之中，有千言萬語，不能罄其妙。一經
現身指示，易如反掌。所難者功夫，尤難者知行並進，有久長之功夫，年積日累，纔能有益
妙之神也。
總論證明 純陰無陽是軟手，純陽無陰是硬手，一陰九陽根頭棍，二陰八陽
是散手，三陰七陽猶覺硬，四陰六陽顯好手，惟有五陽並五陰，陰陽無偏稱妙
手。一運太極迹象化，完歸烏有，仍是太極渾然（取象）金剛搗碓一勢，陰陽合住，
胸中一團和氣，發於四体，實備乾健坤順之德。當其靜也，陰陽所存，無跡可見，及
其動也，看是至柔，其實至剛，其實至柔，剛柔互運，無端可尋，是謂陰陽合，
故取諸乾。
七言俚語 金剛搗碓斂精神，太極渾然具吾身，變化無方皆元氣
脏腑外露只屈身。
其二 手足先後不為奇，一動一靜是圓案，圓到山窮水盡處
陡然一勢判雄雌。
三 一身左右皆太和，運動循環術更多，也是金剛搗玉杵，
善降人世大妖魔。

無形聲不曰無極，而曰太極。

總論發明

純陰無陽是軟手，純陽無陰是硬手。
一陰九陽根頭棍，二陰八陽是散手。
三陰七陽猶覺硬，四陰六陽類好手。
惟有五陽並五陰，陰陽無偏稱妙手。
妙手一運一太極，跡象化完歸烏有（仍是太極渾然）。

取 象

金剛搗碓一勢，陰陽合住。胸中一團和氣，發於四體，實備乾健坤順之德。當其靜也，陰陽所存，無跡可見。及其動也，看是至柔，其實至剛，其實至柔，剛柔互運，無端可尋，是謂陰陽合德。故取諸乾坤。

七言俚語

其一

金剛搗碓斂精神，太極渾然具吾身。
變化無方皆元氣，股肱外露只屈身。

其二

手足先後不為奇，一動一靜是圍棋。
圍到山窮水盡處，陡然一勢判雄雌。

其三

一身左右皆太和，運動循環術更多。

蓋無極者，一無所有。

四不是金剛降魔杵、妖妖怪怪莫敢阻、大明大合歸無迹、美大聖人一可許

五外保国家內保身、金淦文武振乾坤、一動天下無難事、旋轉連環在這裏

二勢攬擦衣 何謂攬擦衣，左腿屈住、手合住腰、摩擦其衣，故名象形也

節解 左手中指領起，四指鬆住中指伴住，鬆指微屈手背膝平、如九十分有力去運也，小指要擁無名中食

二指當中小指掌送到大指掌浹到指肚

節解 左手當腰虛虛籠住、不可犯賀、如犯賀轉運不靈、左肘屈住其意外方內圓、前有頂勁如絕絜物、不可上

眼視後退耳聽故耳聽身後

提將過此勢以右手為主故眼看右手為標準、右肘沉下右肩

鬆下、腋向前微開、手項不可軟、五指鬆住指肚用力、腰勁下去、左腿要中不可軟、左足前鈎

用力踏實、左膝微屈二三分、襠撐圓、右足用力踏地、右膝屈、周身合住、不可卸亦不可

直。引蒙 右手由脇日月氣門，至下而上先繞一小圈，繞圈者謹蓄勢也，又如此屈在直中，然則徐

徐上行、愈慢愈好、慢則可以用心、細思其所用之勁由何而起由何而止、亦自停運行

之路、由日月過肩頭至頭合下、入肩頭、斜轉至五指之肚、右手運時高不過頂低不過鼻、

無形聲不曰無極，而曰太極。

也是金剛擶玉杵，善降人世大妖魔。

其四

不是金剛降魔杵，妖妖怪怪莫敢阻。
大開大合歸無跡，美大聖人一可許。

其五

外保國家內保身，全憑文武鎮乾坤。
一勤天下無難事，旋轉連環再返真。

第二式　攬紮衣

何謂攬紮衣？左肱屈住，手叉住腰，摩擦其衣，故名。象形也。

節解

右手中指領起，四指駢住，中指綳住，使指微屈，手背微彎，如此手方有力。其運也，小指要擁無名、中、食三指，皆由小指掌運到大指掌，涉到指肚。

左手叉腰，虛虛籠住，不可犯實。如犯實，轉運不靈。左肘屈住，其意形外方內圓。前有眼視，後憑耳聽，故耳聽身後。頂勁如繩繫物，不可上提特過。此勢以右手為主，故眼看右手為標準。右肘沉下，右肩鬆下，肱向前微彎，手項不可軟，五指駢住，指肚用力。腰勁下去，左腿委中不可軟。左足前鉤，用力踏實。左膝微屈二三分。

蓋無極者，一無所有。

無形聲不曰無極，而曰太極。

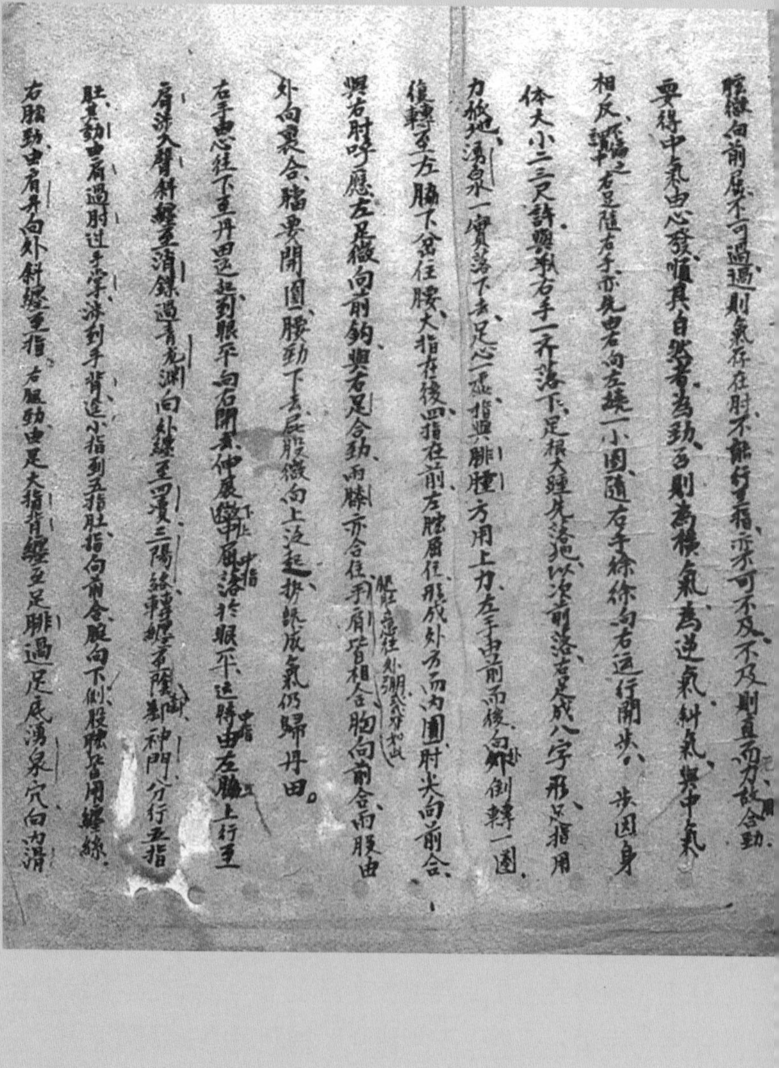
膝微向前屈，不可過，過則氣存在肘，不能行至指，亦不可不及，不及則直而力，故合勁。
要得中氣，由心發，順其自然者為勁，否則為橫氣，為逆氣，糾氣，與中氣
相反。頂中之右足隨右手亦先由右向左旋一小圈，隨右手徐徐向右運行開步，步因身
体大小二三尺許，與右手一齊落下，足根大趾先落地，以次前落，右足成八字形，足指用
力抓地，湧泉一實落下去，足心一虛，指與腓腫方用上力，左手由前而後向外倒轉一圈。
復轉至左脇下，合住腰，大指在後，四指在前，左腿屈住，形成外方而內圓，肘尖向前合。
與右肘呼應，左足微向前鉤，與右足合勁，兩膝亦合住，手肩皆相合，胸向前合，而腹由
外向裏合，襠要開圓，腰勁下去，屁股微向上泛起，提起底氣仍歸丹田。
右手由心往下至丹田，提起到眼平，向右開去，伸展掌，中指落於眼平，此時由左脇上行至
肩，浮入臂，斜纏至清冷淵，過青靈，淵向外纏至四瀆，三陽絡，轉纏手背，陰郄，神門，分行五指
肚，其勁由肩過肘，過手掌，浮到手背，從小指到五指肚，指向前合，腕向下側，股膝皆用纏絲。
右腿勁由肩而向外斜纏至指，右腿勁由足大指背纏至足腓，過足底湧泉穴向內滑

圖3　攬紮衣

襠撐圓。右足用力踏地，右膝屈，周身合住，不可仰，亦不可直。（圖3）

引蒙

右手自右肋日月、期門自下而上先繞一小圈（繞圈者，設勢故也，不如此恐犯直率）。然則徐徐上行，愈慢愈好。慢則可以用心，細思其所用之勁由何而起，由何而止，且亦勻停。

運行之路，由日月過肩髃並囟會，下入肩髃，斜纏以至五指之肚。右手運時，高不過頂，低不過鼻。

肱微向前屈，不可過，過則氣存在肘，不能行至指。亦不可不及，不及則直而無力。故用合勁，要得中。氣由心發，順其自然者為勁，否則為橫氣，為逆氣、斜氣，與

蓋無極者，一無所有。

無形聲不曰無極，而曰太極。

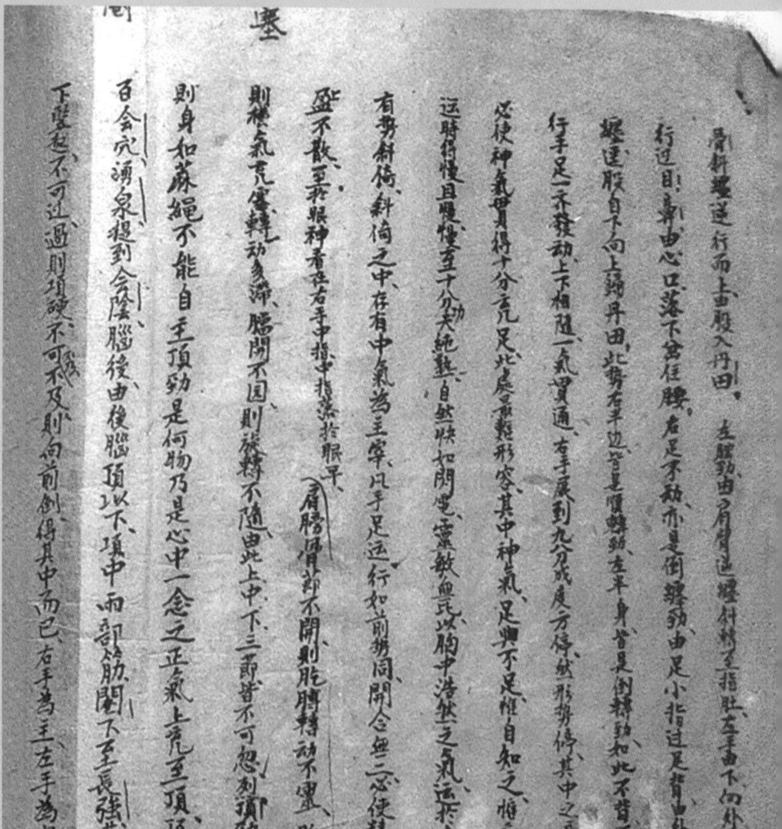

骨斜纏逆行而上由腹入丹田。左腿勁由肩背逆纏斜行至指肚，左手由下向外而上畫
行過目，鼻由心口落下宮住腰，右足不動亦是倒纏勁由足小指過足背由外向裏
纏運腹自下向上歸丹田，此勢右半邊皆是順纏勁，左半身皆是倒纏勁，如此不皆不纏畫運
行手足一齊發動上下相隨一氣貫通，右手展到九分成度方停，然形勢停其中之意不停
必使神氣貫得十分充足，此是虛形容其中神氣，足與不足惟自知之，惟高人識之。
運時行慢且慢慢至十分，功夫純熟自然快如閃電、靈敏無比，以胸中浩然之氣運於全体鬆然
有勢斜倚，斜倚之中存有中氣為主宰，凡手足運行如前勢同開合無二，必使精神凝聚
盛不散，至於眼神看在右手中指，中指落於眼平。肩膀骨節不開則肫膊轉動不靈，胎含不住
則神氣充塞轉動多滯，腦閉不圓，則旋轉不隨，由此上中下三節皆不可忽，刻頂勁不領
則身如蔴繩不能自主，頂勁是何物乃是心中一念之正氣上充至頂，頂勁由
百会穴、湧泉提到会陰、腦後，由後腦頂以下、項中而部筋閣，下至長強，其意上
下豎起，不可過，過則項硬，不可不及，不及則向前倒，得其中而已。右手為主，左手為賓，右手

中氣相反（不偏之謂中）。右足隨右手，亦先由右向左繞一小圈，隨右手徐徐向右運行開步。步因身體大小二三尺許，與右手一齊落下。足跟大踵先落地，依次前落。右足成八字形，足趾用力抓地，湧泉一實落下去，足心一虛，趾與腓、踵方用上力。左手由前而後向外倒轉一圈，復轉至左肋下，叉住腰。大指在後，四指在前。左肱屈住，形成外方而內圓。肘尖向前合，與右肘呼應。左足微向前鉤，與右足合勁。兩膝亦合住，腿肚意往外弸，式式皆如此。手、肩皆相合，胸向前合，兩股由外向裹合。襠要開圓，腰勁下去，屁股微向上泛起。勢既成，氣仍歸丹田。

右手由心往下至丹田運起，到眼平，向右開去，伸展中微屈，中指落與眼平。運時中指由左肋上行至肩，涉入臂，斜纏至消濼，過青龍淵向外纏至四瀆、三陽絡，轉纏至陰　、神門，分行五指肚。其勁由肩過肘、過手掌，涉到手背，經小指到五指肚。指向前合，腕向下側，股肱皆用纏絲。右肱勁由肩井向外斜纏至指。右腿勁由足大趾背纏至足腓，過足底湧泉穴，向內滑骨斜纏逆行而上，由股入丹田。左肱勁由肩臂逆纏斜轉至指肚。

左手由下向外而上，逆行過目、鼻，由心口落下，叉住腰。右足不動，亦是倒纏勁，由足小趾過足背，由外向裏纏，經股自下向上歸丹田。此勢右半邊皆是順轉勁，左半身皆是倒轉勁。如此不背不繆。其運行，手足一齊發動，上下相隨，一氣貫通。右手展到九分程度方停。

然形勢停，其中之意不停，必使神氣貫得十分充足。此處最難形容。其中神氣足與不足，惟自知之，惟高人識

蓋無極者，一無所有。

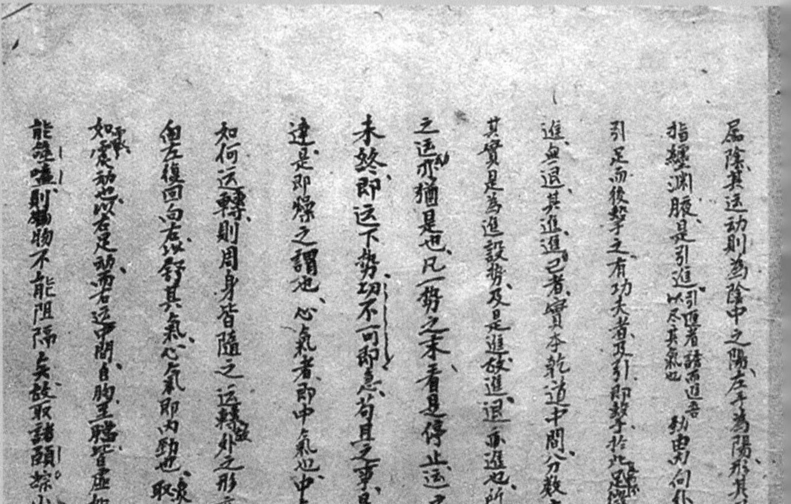
屈陰其運動則為陰中之陽左手為陽形其屈屈則為陰陽中之陰陽互助躡不可分而欲自
指纏渊腹是引進引進者諸而進吾以尽其氣也 勁由內向外纏至指中是為陽勁即擊搏之勁有先引
引足而後擊之之有功夫者及引即擊於此足繼微是陰陽之妙。拳之一道自始至終有
進無退其進進已者實本乾道中間分數十節而其機未嘗息或息常有時雖有似退之形
其實是為進設勢及是進故進退而進也所謂欲前先卻者是也每日晝夜循環不息拳
之運亦猶是也凡一勢之末看是停止運之機微而又微以足其神斷不可以此勢
未終即運下勢切不可亂急苟其之事是之急躁之心為之也。孔子曰欲速則不
達是即躁之謂也心氣者即中氣也中氣者浩然之氣人之一身為主心在胸中
知何運轉則周身皆隨之運轉外之形亦非由內所發此勢心氣初發先向左次由右向
自左復回向右以舒其氣心氣即內勁也取象 震下艮上曰頤艮為手為主以右手止人
如震動也以右足動而右運中間自胸至臍皆虛如是陰畫錯大過則內剛外柔知頤一字胸
能噬嗑則物不能阻隔矣故取諸頤噬小過艮下震上如雷在山上震聲百里令人

無形聲不曰無極，而曰太極。

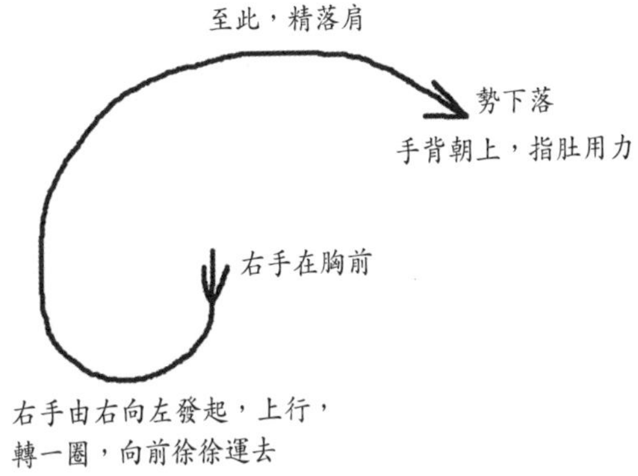

圖 4　右手沿線運行圖

之。運時得慢且慢，慢至十分，功夫純熟，自然快如閃電，靈敏無比。以胸中浩然之氣，運於全體。雖然有勢斜倚，斜倚之中，存有中氣為主宰。（圖 4）

凡手足運行如前勢同，開合無二。必使精神團結，盈聚不散。至於眼神，看在右手中指，中指落與眼平。肩膀骨節不開，則胳膊轉動不靈；胸合不住，則橫氣充塞，轉動多滯；襠開不圓，則旋轉不隨。由此，上、中、下三節皆不可忽略。頂勁不領，則身如麻繩，不能自主。

頂勁是何物？乃是心中一念之正氣上充至頂。頂勁由百會穴、湧泉，提到會陰、腦後，由後腦頂以下、項中兩部筋間下至長強，其意上下豎起。不可過，過則項硬；不可不及，不及則向前倒；得其中而已。

右手為主，左手為賓。右手屬陰，其運動則為陰中之陽；左手為陽，形其屈，屈則為陽中之陰。陰陽互助，根不可分。兩橛自指纏淵腋，是引進（引進者，誘而進。吾以盡其氣也）。勁由內向外纏，至指中，是為陽勁，即擊

蓋無極者，一無所有。

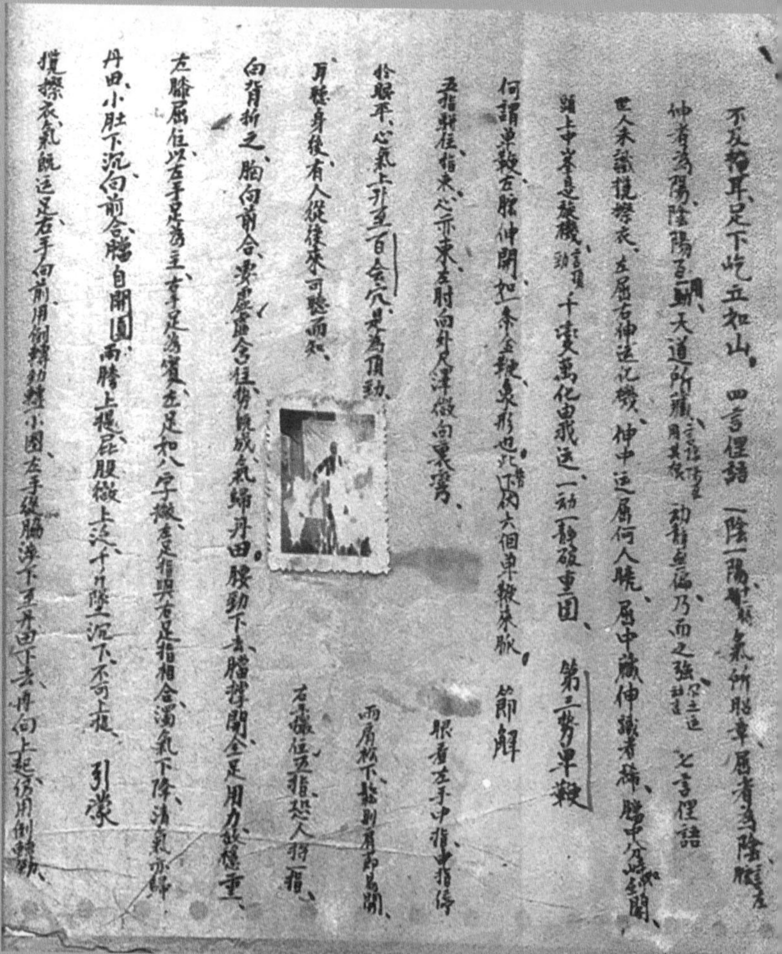
不及掩耳，足下屹立如山。 四言俚語 一陰一陽，[illegible]氣所胎，章居者為陰，
伸者為陽，陰陽互顯，天道所藏。 動靜無偏，乃而之強。 七言俚語
世人未識攬擦衣，左屈右伸运化機，伸中运屈何人曉，屈中藏伸識者稀，屈中[illegible]開，
頭上中峯是旋機，千變萬化由我运，一動一靜破重圍。 第二勢單鞭
何謂單鞭？右肱伸開，如一条金鞭，象形也。此下內大包單鞭來脈。 節解
五指對住，指末亦東，左肘向外，又稍微向裏彎。 眼看左手中指，中指停
頂頸平，心氣上升至百会穴，是為頂勁。 兩肩松下，[illegible]開，
耳聽身後，有人從後來，可聽而知。 右手微住五指，恐人將[illegible]，
向背折之，胸向前合，要[illegible]合住，勢既成，氣歸丹田。腰勁下去，襠撐開，全足用力，[illegible]極重，
左膝屈住，以左手足為主，右手足為賓。左足如八字，微左足指與右足指相合，濁氣下降，清氣亦歸
丹田，小肚下沉，向前合，襠自開圓，兩膝上提，屁股微上泛，十分之一沉下，不可上提。 引蒙
攬擦衣，氣既运足，右手向前，用倒轉勁，小圈，左手從腦後下至丹田下去，再向上起，仍用倒轉勁，

無形聲不曰無極，而曰太極。

搏之勁。有先引，引足而後擊之。有功夫者，即引即擊。於此，足於不足，微是陰陽之妙。

拳之一道，自始至終，有進無退。其進，進自己者，實本乾道中間分數十節，而其機未嘗或息。有時雖有似退之形，其實是為進設勢。及是進，故進，退亦進也。所謂欲取先予者是也。每日晝夜循環不息，拳之運動亦猶是也。凡一勢之末，看是停止，運之機，微而又微，以足其神。斷不可以此勢未終，即運下勢。

切不可即急。苟且之事，是之急躁之心為之也。孔子曰「欲速則不達」，是急躁之謂也。

心氣圖

心氣者，即中氣也。中氣者，浩然之氣。人之一身以心為主，心在胸中如何運轉，則周身皆隨之運轉。故外之形，亦莫非由內所發。此勢心氣初發，先向右，次由右向左，復回向右，以舒其氣，心氣即內勁也。（圖 5）

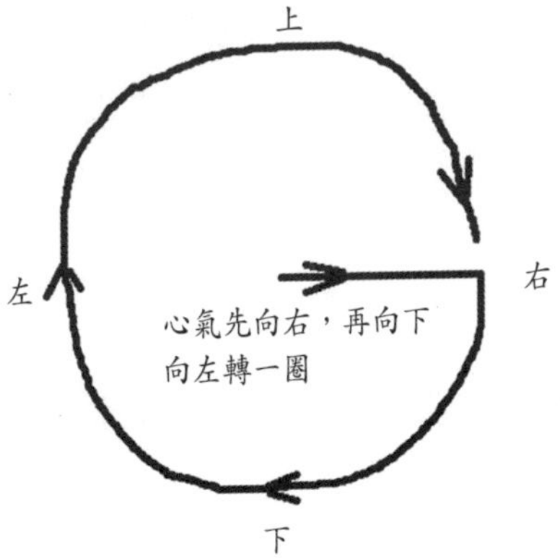

圖 5　心氣圖

蓋無極者，一無所有。

取象

震下、艮上曰頤。艮為手，為至以右手，止人如震，震動也。以右足動，而右運中間。自胸至襠，皆虛如是陰。晝錯大過，則內剛外柔。如頤，言物能噬嗑，則物不能阻隔矣，故取諸頤。綜小過，艮下，震上，如雷在山上，震驚百里，令人不及掩耳。足下屹立如山。

四言俚語

一陰一陽（十二時辰），氣所昭彰。
屈者為陰（言左肱），伸者為陽。
陰陽互用，天道所藏（言陰陽互用其根）。
動靜無偏，乃爾之強（「爾」指運動者言）。

七言俚語

世人未識攬紮衣，左屈右伸運化機。
伸中運屈何人曉？屈中藏伸識者稀。
襠中分峙如劍閣，頭上中峰是玄機（言項勁）。
千變萬化由我運，一動一靜破重圍。

第三式　單　鞭

何謂單鞭？左肱伸開，如一條金鞭，象形也。此勢伏下六個單鞭來脈。

節解

（左手）五指駢住，指束，心亦束。左肘向外，尺澤微向裏彎。眼看左手中指，中指停與眼平。心氣上升至百會穴，是為頂勁。

兩肩鬆下，鬆則肩節易開。耳聽身後，有人從後來可聽而知。右手撮住五指，恐人捋一指向背折之。胸向前合，要虛，虛含住。勢既成，氣歸丹田。

腰勁下去，襠撐開。全足用力，故穩重。左膝屈住，以左手足為主，右手足為賓。（右足趾向裏鉤住，）左足如八字撇，左足趾與右足趾相合。濁氣下降，清氣亦歸丹田。小肚下沉向前合，襠自開圓。兩胯上提，屁股微上泛，千斤墜沉下，不可上提。（圖 6）

圖 6　單鞭

蓋無極者，一無所有。

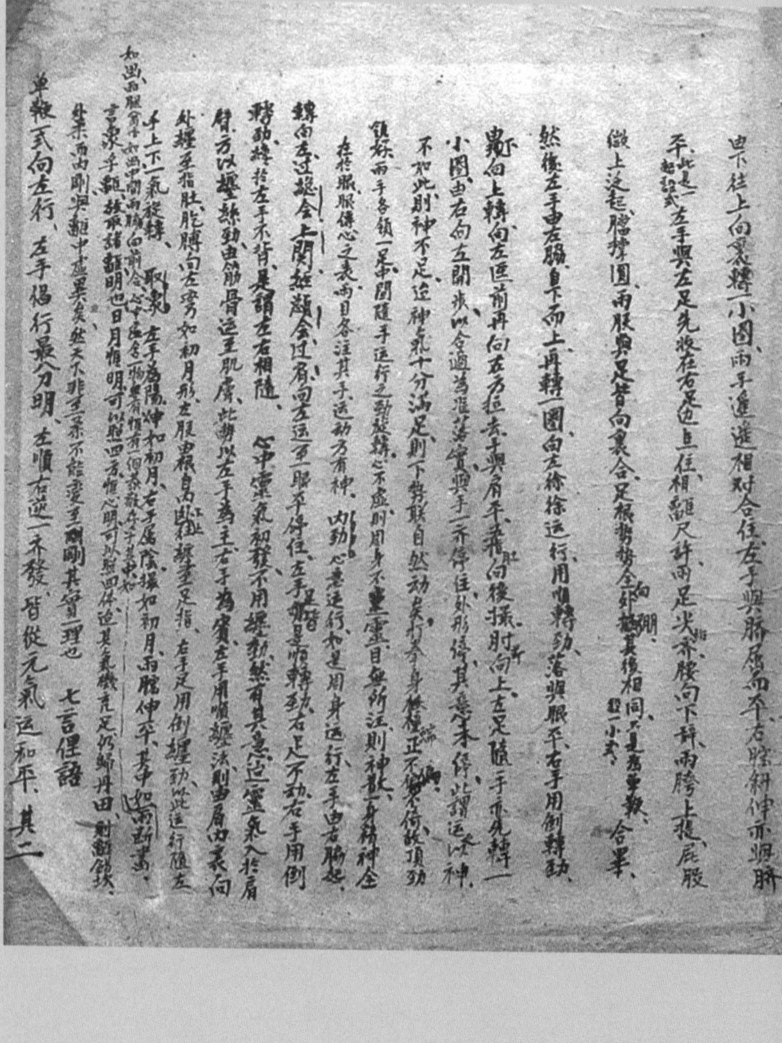

由下往上向裏轉一小圈，兩手遙遙相对合住，左手與脇屈而平，右股斜伸亦與脇
平。此是一翻身式 左手與左足先收在右足边上住，相離尺許，兩足收齊，膝向下弯，兩膝上提，屈股
微上泛起，腦撐圓，兩胯與足皆向裏合，足根勢勢全外，其後相同，不是為單鞭，合畢，
然後左手由左脇自下而上再轉一圈，由左徐徐运行，用順轉勁，落與服平，右手用倒轉勁
裏下向上轉向左匾前再向右方往去，手與肩平，乘肘向後摄肘向上，左足隨手亦先轉一
小圈，由右向左開步，以合適為准，落實與手一齐停住，外形停其意未停，此謂运行神。
不如此則神不足，运神氣十分滿足，則下勢联自然动矣，行令身無極正不偏不倚，故頂勁
領起，兩手各領一足，中間隨手运行之動提轉，心不虛則周身不靈，靈目無所注則神散，一身精神全
在於服，服傳心之表，兩目各注其手运动方有神。內勁 心意运行和是周身运行，左手由右脇起
轉向左过，總会上關，难題会过肩，向左运至一服平停住，左手是順轉勁，右足不动，右手用倒
轉勁，轉於左手不背，是謂左右相隨。心中靈氣初發，不用纏勁，然有其意，也靈氣入於肩
臂，方以纏絲勁由筋骨运至肌膚，此勢以左手為主，右手為賓，左手用順纏法，則由肩而裏向
外纏至指肚，肘膊向左旁如初月形，左股由根自下而上往纏至足指，右手足用倒纏勁，此运行随左
手上下一氣旋轉，取象 左手為陽，坤如初月，右手屬陰，攝如初月，兩股伸平，其中如兩斷索，
如幽，兩服自手，如幽中間兩臟向前合，心中蘊含一物，言象手顯，鼓承顯明也，日月恒明，可以照四方，恒心明可以照四體，運其氣機充足，仍歸丹田，則斷缺，
非果而由剛
單鞭式向左行，左手偏行最分明，左順右逆一齐發，皆從元氣运和平。七言俚語 其二

無形聲不曰無極，而曰太極。

引蒙

攬紮衣，氣既運足，右手向前，用倒轉勁轉一小圈。左手從肋涉下，至丹田下去，再向上起，仍用倒轉勁。由下往上向裏轉一小圈，兩手遙遙相對合住。左手與臍屈而平，右肱斜伸，亦與臍平（此是一起設式）。左手與左足先收在右足邊點住，相離尺許。兩足尖站齊，腰向下辭。兩胯上提，屁股微上泛起。襠撐圓，兩股與足皆向裏合。足跟勢勢全向外弸，其後相同（上是為單鞭設一小式）。

合畢。然後左手由左肋自下而上再轉一圈，向左徐徐運行，用順轉勁，落與眼平。右手用倒轉勁，由下向上轉，向左經前再向右方拉去。手與肩平，五指肚向後撮。肘節向上，左足隨手亦先轉一小圈，由右向左開步，以合適為準，落實，與手一齊停住。外形停，其意未停，此謂運之以神。不如此，則神不足。迨神氣十分滿足，則下勢連自然動矣。

打拳身樁端正，不偏不倚，故頂勁領好。兩手各領一足，中間隨手運行之勁旋轉。心不虛，則周身不靈；目無所注則神散。一身精神全在於眼，眼傳心之表。兩目各注其手，運動方有神。

內勁

心意運行如是，周身運行。左手由右肋起，轉向左，過總會、上關，經囟會，過肩，向左運至眼平，停住。左手足皆是順轉勁。右足不動，右手用倒轉勁，才與左手不背，是謂左右相隨。

心中靈氣初發，不用纏勁，然有其意。迨靈氣入於肩臂，方以纏絲勁由筋骨運至肌膚。此勢以左手為主，右手為賓。左手用順纏法，則由肩內裏向外纏至指肚，胳膊向左彎，如初月形。左股由根自內往外纏至足趾。右手足用倒纏勁，以此運行隨左手上下一氣旋轉。

取象

左手為陽，伸如初月；右手屬陰，撮如初月。

兩肱伸平如畫，兩腿叉亦如畫。中間兩肋向前合，心中虛含，一物無有，惟有一個恭敬存乎其中。如其中兩斷如畫，言象乎離，故取諸離。

（離），明也。日月惟明，可以照四方。惟心明，可以照四體。迨其氣機充足，仍歸丹田，則離錯坎。外柔而內剛，與離中虛異矣。然天下非至柔不能變至剛，其實一理也。

七言俚語

其一

單鞭一式向左行，左手倡行最分明。
左順右逆一齊發，皆從元氣運和平。

其二

單鞭一勢最為雄，一字長蛇亙西東。
擊首尾動精神貫，擊尾首動脈絡通。

當中一擊首尾動，上下四旁扣如封。
若問此中真消息（即線索），
須尋脊背骨節中（一身關鍵皆在於此）。

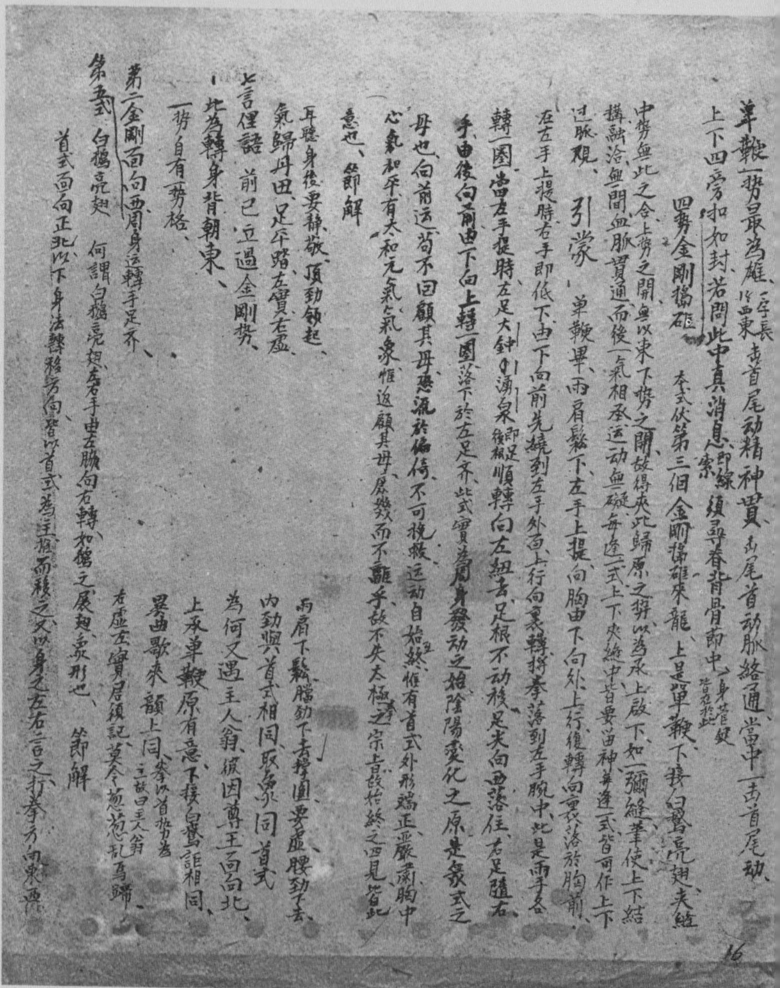

單鞭一勢最為雄、(一字長 以西東) 去首尾動精神貫、(去尾首動脈絡通) 當中一去首尾動、
上下四旁扣如封、若問此中真消息、(即線索) 須尋脊背骨節中、(一身[illegible] 皆在於此)
四勢金剛搗碓 本式從第三個金剛搗碓來龍、上是單鞭、下接白鵝亮翅、夾縫
中勢無此之合上勢之開、無以東下勢之開、故得夾此歸原之勢、以為承上啟下、如一彌縫筆、使上下結
搆融洽、無間血脈貫通、而後一氣相承、運動無礙、每逢一式上下夾縫中、皆要留神、每逢一式皆可作上下
过脈觀、 引蒙、 單鞭畢、兩肩鬆下、左手上提、向胸由下向外上行、復轉向裏、落於胸前、
左左手上提時、右手即低下、由下向前先繞到左手外面、上行向裏轉、將拳落到左手腕中、此是兩手各
轉一圈、當左手提時、左足大鈄引涌泉(即足後根)順轉向左紐去、足根不動、枝足尖向西落住、右足隨右
手由後向前由下向上轉一圈、落下於左足齊、此式實為周身發動之始、陰陽變化之原、是象式之
母也、向前運、苟不回顧其母、恐流於偏倚、不可挽救、運動自始至終、惟有首式外形端正、嚴肅胸中
心氣和平、有太和元氣、氣氣象、惟返顧其母、屢數而不離乎、故不失太極拳之宗旨、故始終之四見皆此
意也、 節解
耳聽身後、要靜敬、頂勁領起、 兩肩下鬆、膽勁下去、撐圓要虛、腰勁下去、
氣歸丹田、足平踏、左實右虛、 內勁與首式相同、取象同首式
七言俚語 前已立過金剛勢、 為何又遇主人翁、彼因尊王面向北、
此為轉身背朝東、 上承單鞭原有意、下接白鵝詎相同、
一勢自有一勢格、 畧由歌來韻上同、(拳以首式為主 故曰主人翁)
第二金剛面向西、周身運轉手足齊、 右虛左實居須記、莫令恍惚亂為歸
第五式 白鵝亮翅 何謂白鵝亮翅、左右手由左脇向右轉、如鵝之展翅、象形也、 節解
首式面向正北、以下身法轉移方向、皆以首式為主推而移之、又以身之左右言之、打拳方向東西

16

無形聲不曰無極，而曰太極。

第四式　金剛搗碓

本式伏第三個金剛搗碓來龍。上是單鞭，下接白鵝亮翅，夾縫中勢無此之合，上勢之開，無以束下勢之開，故得夾此歸原之勢。以為承上啟下，如一彌縫，欲使上下結構融洽、無間，血脈貫通，而後一氣相承，運動無礙。每逢一式，上下夾縫中皆要留神。每逢一式，皆可作上下過脈觀。

引蒙

單鞭畢，兩肩鬆下，左手上提，向胸由下向外上行，復轉向裏，落於胸前。在左手上提時，右手即低下，由下向前先繞到左手外面，上行向裏轉，將拳落到左手腕中，此是兩手各轉一圈。當左手提時，左足大鐘、湧泉（即足後跟）順轉向左扭去。足跟不動移，足尖向西落住。右足隨右手由後向前，由下向上轉一圈落下，與左足齊。

此式實為周身發動之始，陰陽變化之原，是眾式之母也。向前運，苟不回顧其母，恐流於偏倚，不可挽救。運動自始至終，惟有首式外形端正、嚴肅，胸中心氣和平，有太和元氣，氣象惟返顧其母，庶幾而不離乎。故不失太極拳之宗旨，故始終之四見，皆此意也。

節解

耳聽身後要靜、敬。頂勁領起，兩肩下鬆。襠勁下去，撐圓，要虛。腰勁下去。氣歸丹田。足平踏，左實右虛。

內勁

與首式相同。

取象

同首式。

七言俚語

前已立過金剛勢，為何又遇主人翁？
彼因尊王面向北，此為轉身背朝東。
上承單鞭原有意，下接白鵝詎相同。
一勢自有一勢格，異曲歌來韻上同（拳以首勢為主，故曰主人翁）。
第二金剛面向西，周身運轉手足齊。
右虛左實君須記，莫令匆匆亂馬蹄。

第五式　白鵝亮翅

何謂白鵝亮翅？左右手由左肋向右轉，如鵝之展翅。象形也。

節解

首式面向正北，以下身法，轉移方向皆以首式為主，推而移之。又以身之左右言之，打拳方向，東西南北皆以此譜（以首式面向北為主），非是一門，八方皆可定位。

左肘沉下。胸向前合。心意自左向右轉。左手為賓，隨右手轉，手腕向前。耳聽身後。頂勁領起。此式向西北。兩肩鬆下，兩肘沉下。眼看中指。

蓋此式以右手為主，右手由左肋下衝門（屬肺）五樞穴（屬三焦）起上行向右轉腕向外。此是陰勁，引進法。以左手腕向外，故為陰勁。胸向右合，腰勁下去。兩胯上提，襠要撐圓而虛。右足隨右手慢彎，向右開步尺餘。左足隨右足過去，使足尖點地。兩膝皆屈，向裏合。右足落實，左足虛。為下式使用伏脈。（圖 7）

圖 7　白鵝亮翅

引蒙

本式上承金剛搗碓。左手落至五樞，右手落在章門。

蓋無極者，一無所有。

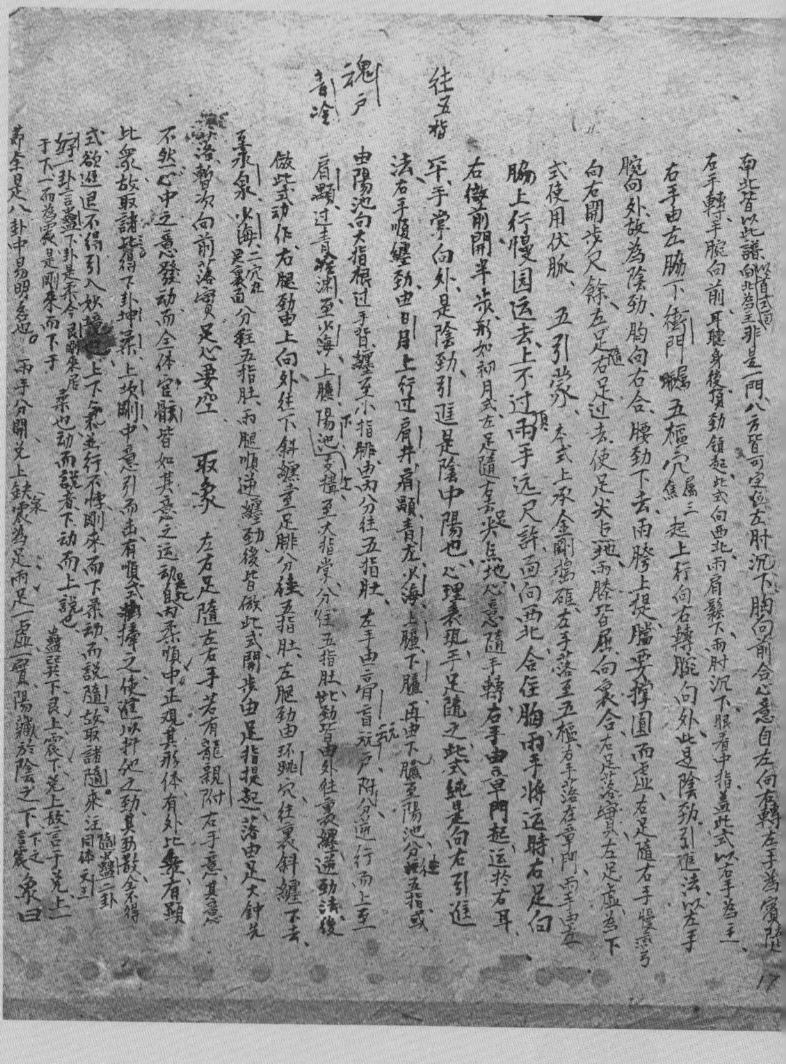
南北皆以此譜，向北為主（以首式言），非是一門，八方皆可定位。左肘沉下，胸向前合，心意自左向右轉，左手為賓，隨
左手轉，手腕向前，耳聽身後，頂勁領起。此式向西北，兩肩鬆下，兩肘沉下，眼看中指，蓋此式以右手為主，
右手由左脇下衝門（屬脾）、五樞穴（屬膽）起，上行向右轉，腕向外，此是陰勁，引進法。以左手
腕向外，故為陰勁。胸向右合，腰勁下去，兩胯上提，襠要撐圓而虛。右足隨右手慢慢弓
向右開步尺餘，左足隨右足過去，使足尖點地，兩膝皆屈，向裏合，右足落實，左足虛，為下
式使用伏脈。　五引蒙。　本式上承金剛搗碓，左手落至五樞（右手落在章門），兩手由左
脇上行，慢圓運去，上不過頂，兩手遠尺許，面向西北，合住胸，兩手將運時，右足向
右偏前開半步，形如初月式，左足隨右去，足尖點地，心意隨手轉，右手由章門起，運於右耳，
平，手掌向外，是陰勁，引進，是陰中陽也。心理表現，手足隨之，此式純是向右引進
法。右手順纏勁，由日月上行，過肩井、肩顒、青龍、少海、上臑、下臑，再由下臑至陽池，分往五指，或
由陽池向大指根，過手背，纏至小指，腓肉分往五指肚。　左手由膏肓、魂戶附分逆行而上，至
肩顒，過青靈、淵，至少海、上臑、陽池（下）支溝（上），撐至大指掌，分往五指肚。此勁皆由外往裏纏，逆勁法。後
做此式動作，右腿勁由上向外往下斜纏，至足腓，分往五指肚，左腿勁由環跳穴往裏斜纏下去，
至泉、湧泉、少海（二穴在足裏面）分往五指肚，兩腿順逆纏勁，後皆做此式開步，由足指提起，落由足大鈡先
落，暫次向前，落實，足心要空。　取象　左右足隨左右手，若有龍親附右手，意其意
不然，心中之意發動，而全體官骸皆如其意之運動，自內柔順中正，觀其形体有外比象有顯
比象，故取諸蒙，得下卦坤柔，上坎剛，中意引而去，有順式撐之使進，以拚如之勁，其勁散全得
式欲進退不得，引入妙境，上下之氣並行不悖，剛來而下柔，動而說，隨，故取諸隨（隨蠱二卦來往同体对）
一卦言蠱，下卦是柔，今艮剛來居柔也，動而說者，下動而上說也。　蠱巽下艮上，震下兌上，故言于兌上
于下，一而為震，是剛來而下于
者全是八卦中易明象也。　兩手分開，兌上缺象，震為足，兩足一虛一實，陽藏於陰之下，言震下之象曰

無形聲不曰無極，而曰太極。

兩手由左肋上行慢圓運去，上不過頂，兩手遠尺許。面向西北，合住胸。兩手將運時，右足向右微前開半步，形如初月式。左足隨右去，足尖點地。心意隨手轉。右手由章門起，運與右耳平。手掌向外，是陰勁。引進是陰中陽也。心理表現，手足隨之。此式純是向右引進法。右手順纏勁，由日月上行過肩井、肩髃、青靈、少海、上廉、下廉，再由下廉至陽池，分往五指；或由陽池向大指根，過手背纏至小指腓，由內分往五指肚。左手由膏肓、魂戶、附分逆行而上，至肩髃，過清冷淵，至少海、上廉、支溝、陽池，至大指掌，分往五指肚。

此勁皆由外往裏纏，逆勁法。後仿此式動作，右腿勁由上向外，往下斜纏至足腓，分往五趾肚。左腿勁由環跳穴往裏斜纏下去，至湧泉、照海（二穴在足裏面），分往五趾肚。兩腿順逆纏勁，後皆仿此式。開步由足趾提起，落由足大鐘先落，漸次向前落實，足心要空。

取象

左右足隨左右手，若有龍親附右手意，其意不然。心中之意發動，而全體官骸皆如其意之運動，是比自內，柔順、中正。觀其形體，有外比象，有顯比象，故取諸《比》。得下卦坤柔、上坎剛，中意引而擊。有順式牽之，使進以抖他之勁。其勁散，全不得式，欲進退不得，引入妙境也。上下氣並行不悖。剛來而下柔，動而說隨，故取諸《隨》。（來注：《隨》《蠱》二卦同體，文王綜一卦言《蠱》。下卦是柔，今艮剛來居於下，一而為震，

蓋無極者，一無所有。

無形聲不曰無極，而曰太極。

是剛來而下於柔也。動而說者，下動而上說也。蠱巽下、艮上、震下、兌上，故言於兌。上一節全是八卦中易命名也。）兩手分開，兌上缺象。震為足，兩足一虛一實。陽藏於陰之下（下之言震）。《象》曰：澤中有雷，隨，君子向晦入息。但用引勁，而擊搏之勁，自藏於引進之中。

七言俚語

其一

閑來無事看白鵝，左右舒翅又一波。

兩手引如揍峰勢，何殊秋水出太阿。

其二

元氣何從識太和，右碾（碾者，轉之半也）兩手弄秋螺。

北方引進神機足，亮翅由霄騰白鵝。

白鵝亮翅與摟膝拗步作為一式方成大開大合。

第六式　摟膝拗步

何謂拗步？左右手從上膺窗分披下來，左右手各摟其膝。左足落時，向前一足，右足在後不動。兩足不齊，謂之拗步。一名六封四閉式，左右四旁皆可封閉。

節解

左肘微扭，做反背勢，在清冷淵。腕向外撐，腕向上撮，五指落在脊後。左肩鬆下，不鬆則骨縫不開。頂勁以

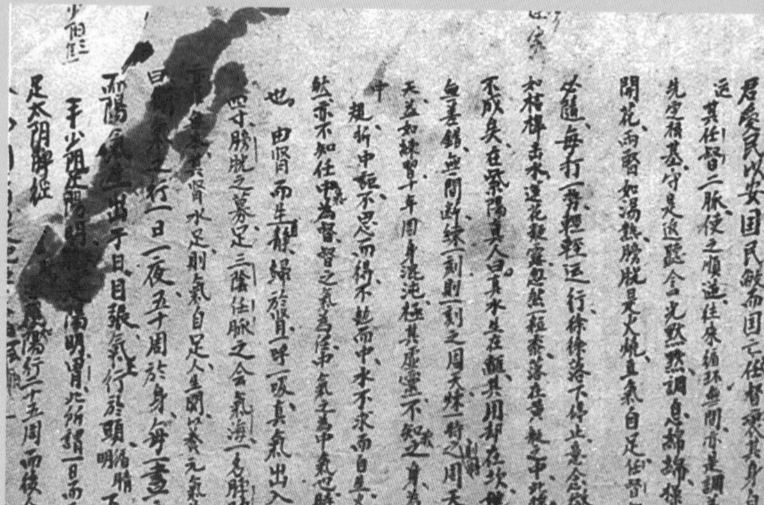

君愛民以安国民皺而国亡任督其身自卸上人行導引術以為佇練為本打拳亦是
運其任督二脈使之順逆往來循环無間亦是調養無氣一呼一吸順其自然歸除忘念卻淨滴氣
先定根基守是返聽含光默默調息綿綿操固內守注意玄關功久則頃刻水中火發雪裏
開花兩腎如湯熱膀胱是火燒真氣自足任督如車輪四体若山石一念初發則天機动若意到
身隨每打一勢輕輕運行徐徐落下停止意念微細毋使波瀾忽然如此則元氣渾融水火既降
如枯樹去木運花根實恕然一粒黍落在黄庭之中此採家真訣打拳到此無不功力不可解一勞解散共不
不成矣在紫陽真人曰真水真在顛其用却在坎離抱女過而固守執玉樞機正謂此也日月行之
無差錯無間斷練一刻則一刻之周天煉一時之周天一日一月一年則日月年之周天也
天益如練習十年周身混沌極其虛靈不知其身為我身之為身並不知神由氣生氣自有神周
中
規圻中矩不思而得不勉而中水不求而自生火不求而自出從中生白黑如引針不知所以然而
然亦不知任中為督督之氣為任中氣子為中氣也將精合宜自然合此任督順逆往來任中氣以運行者
也 由腎而生精歸於腎一呼一吸真氣出入皆本於此中極穴一名元氣在臍下關元下一寸膀
四寸膀胱之募足三陰任脈之會氣海一名脖胦臍下一寸寬中男子生氣之海人言鍊丹田
腎水足則氣自足人生關以養元氣為本打拳之要斯得矣
日行一日一夜五十周於身每一晝一夜各行於陰陽二十五周平旦陰尽
而陽氣出於目目張氣上行於頭循項下行足太陽膀胱經手太陽小腸足少陽膽經
手少陽足陽明陽明胃此所謂一日而至手外者夜則行足少陰腎手少陰心手太陰肺
足太陰脾經陽行二十五周而復合于目所謂平旦人氣生者及上于頭復
少陽經

無形聲不曰無極，而曰太極。

中氣領起。全身精神在目，目視右手中指。手側面，右手肱全向外撐，式外方而內圓。胸中心氣下降，歸丹田，平心靜氣。胸向前合，腰勁下去，襠下墜而上撐。左膝屈，外向裏合，全股皆合，屁股微向上泛，小腹前合，其襠自開而合。左足微前，足趾同股向裏合。（圖 8）

圖 8　摟膝拗步

引蒙

本式上承亮翅，手掌向外者，皆轉向裏，從頭維（屬大腸）、頷厭（三焦）分披下來，過雲門（是肺）、缺盆（是大腸），兩手一齊下去，左足向左開一大步，落右足前一足，膝足皆合勁，左手由左日月、五樞下行過犢鼻、陽陵泉（皆在膝下外面）背折小肱，倒轉一圈，手指撮

行一周心一會靜而元行一周身氣者即此無間動矣。盖天一生水地二生火似手水先而火後欲一
至藏於脊而服元炁　心橫一動即衝命門之真陽使之上升於神極生靜心氣一降下即冲氣於丹田。
田是言之　兄乾坤具是体用兼其宜動則動宜靜則靜不可執滯此勢合上勢論
一勢為開此勢為合以本勢論將勝以前為開以後為合合者合其體神不但合其四肢而用其道神
一開合往而前右手直橫左右足合適為度左小腿上不可偏斜又懸合之中有開之形也矣曰
若不如此則下勢何以收手凡一勢中見開而後合之合之中藏伏開之勢以為下式張本此乃天機自
於此有，非人力所能為者至於氣從歸丹田蓋丹田是氣之源丹氣不此則下式之氣動從滯礙通
而無力矣故心歸於此一動而自然鎮靜而歸生也。打拳宜養元氣元氣生於腎腎水足則元
氣自然充滿養於胃胃得其養則其自壯發於肝肝氣一動則通氣掖生氣不得其淤泳
於心心無妄念則心氣和鳴於肺肺居金氣之或外舒或洩怒皆由以鳴之，壯於胆胆大則敢
為氣停大運於脾脾多氣以四開而創動動則運化不已。佐以大腸大腸少血多氣
又輔以小腸小腸前在臍後在脊浮極不存濁氣末斯氣來於胃者任強之宮作巧出焉
少血多氣藏精於腎精神之舍性命之源腎有兩枚有兩係一係通於心一係通於脈氣之出
實生於此氣之所宿亦宿於此至於命門氣所出入之門戶故曰命門。十二地支逐日所守。
可不知如劍著人身即死拳击著神經則傷重則亡。歌曰子臍丑腹寅在目卯面辰
期巳手避午胸未腹申在心酉背戌期亥股以上是運動家宜所知慎之無犯。又打拳宜
知陰陽動背為陽腹為陰凡是肱膊手肘膝足面向外者為陽手腕肱膊肚腹腿彎根肚足底皆
為陰。凡有骨節屈為陽伸者為陰凡在外開為陽外向內收皆為陰故外者為陽引式為陰有將
動忽方伸而忽縮是陽變為陰或是方收而忽放是陰變為陽。太極之相益原是包之為其相故用極其
活動無定之中自有定知而人交手有明引暗進者本引本進者即引即進大率引為陰進為陽。

無形聲不曰無極，而曰太極。

住，腕向上，落在後脊命門、陽關，與右手相應。右足不動本位，足尖向左鉤，足跟向外弸。右手由日月、五樞（二穴在肋，屬三焦）同左手轉下，從後向前繞一大圈。側面手法，五指駢住，手腕向左落胸前一尺遠，與鼻平，素髎、人中對照。兩腋不撐不夾，成式外方內圓。指肚用力壓住掌。膝與足趾相合。身法骨節與前式相同，氣歸丹田。此式皆用倒纏勁，丹田位在任督二脈中。

任脈、督脈

任脈起於會陰，上行，循腹裏至廉泉、承漿止。督脈亦起於會陰，過長強（在脊二十一椎下），順脊逆行而上，逾百會下降至人中止。人身有任督，猶天地有子午。人身以腹背言，天地以南北言。任督皆位乎中，可以分，亦可合。分之以陰陽不離，合之以渾淪不間。一而二，二而一也。蓋人能明任督，以運氣保身，猶明君愛民以安國，民敝而國亡，比也。任督衰，其身自卸。上人行導引術，以為修煉為本。

打拳亦是，運其任督二脈，使之順逆、往來循環無間，亦是調養血氣。一呼一吸，順其自然。掃除妄念，卸淨濁氣。先定根基，後視返聽。含光默默，調息綿綿。操固內守，注意玄關。功久則頃刻水中火發，雪裏開花。兩腎如湯熱，膀胱似火燒，真氣自足。任督如車輪，四體若山石。一念初發，則天機動岩，意到必隨。每打一勢，輕輕運行，徐徐落下停止。意念微細，毋使波瀾。忽與如此，則元氣渾融。水火升降，如桔槔汲水，蓮花凝露。忽

蓋無極者，一無所有。

然一粒黍，落在黃庭之中，此採鉛家真訣。

打拳到此，意不可散，功不可解。一涉解散，丹不成矣。在紫陽真人曰：「真汞生在離，其用卻在坎。 女過南園，手執玉橄欖。」正謂此也。日月行之，無差錯，無間斷。練一刻則一刻之周天；練一時則一時之周天；一日、一月、一年，則日、月、年之周天（天是加也）；練一生是終生之周天。益如練習十年，周身混沌，極其虛靈。不知我之身為我身。之為身，並不知。神由氣生，氣自有神。周中規，折中矩。不思而得，不勉而中。水不求而自生，火不求而自出。虛中生白，黑地引針，不知所以然而然，亦不知任中氣為督，督之氣為任，中氣之為中氣也。時措合，宜自然合。此任督順逆往來，佐中氣以運行者也。由腎而生自靜，歸於腎，一呼一吸，真氣出入，皆本於此。中極穴一名元氣。氣在關元下一寸，臍下四寸，膀胱之募，足三陰、任脈之會氣海；一名脖胦，臍下一寸，宛中男子生氣之海。人言歸丹田，亦非無本，其腎水足則氣自足。人生關，以養元氣為本。打拳之要，斯得矣。

《靈樞 · 衛氣行篇》曰：衛氣之行，一日一夜五十周於身。每一晝夜，各行於陰陽二十五周。平旦陰盡，而陽氣生出於目。目張，氣上行於頭（循睛明），下行足太陽膀胱經、手太陽（小腸）、足少陽（膽經）、手少陽（三焦）、足陽明（胃）、手陽明（大腸），此所謂一日而主於外者。夜則行足少陰（腎）、手少陰（心）、手太陰（肺）、足太陰脾經。亦如陽行二十五周而後合於目。所謂平旦人氣生者，及上行於頭，復合於目者是也。

耍拳每一式，陽氣發動一周，身至於靜，陰氣一動行一周。身即心，心之一念動，陽氣行一周；心一念靜，陰氣行一周。身運氣者，即此無間斷矣。

蓋天一生水，地二生火，似乎水先而火後。然志，藏於腎而根先發，聚於心，心機一動，即率命門之真陽從之。至於動極生靜，心氣一降，志即率氣於丹田。由是言之，離先於坎（是以其用者言之）。況乾坤本是體用兼具，宜動則動，易靜則靜，不可執滯。

此勢合上勢論。上勢為開，此勢為合。以本勢論，摟膝以前為開，以後為合。合者，合其體，神不但合，其四肢而周身隨神一齊合住。而右手在前，左手置後，左右足合適為度。左小股端正，不可偏斜，又似合之中有開之形也矣。曰，若不如此，則下勢何以收乎？凡一勢中先開而後合之，合之中預伏開之勢，以為下式張本。此亦天機自如此有，非人力所能為者。至於氣必歸丹田。蓋丹田是氣之源。氣不如此，則下式之氣動必漸竭，運而無力矣，故必歸於此。一動而自然，該靜而靜生也。

打拳宜養元氣。氣生於腎，腎水足，則元氣自然充滿；養於胃，胃得其養，則其自壯；發於肝，肝氣一動，則逆氣橫生，氣不得其平；涵泳於心，心無妄念則心氣和；鳴於肺，肺屬金，氣之或外舒，或洩漏，皆由以鳴之；壯於膽，膽大則敢為，氣倍大；運於脾，脾多氣少血，聞聲則動，動則運化不已；佐以大腸，大腸少血多氣；又輔以小腸，小腸前在臍，後在附脊，滓穢不存，濁氣去。

蓋無極者，一無所有。

斯氣來於腎者，作強之官，技巧出焉。少血多氣，藏精於腎，精神之舍，性命之源。腎有兩枚，有兩系，一系通於心，一系通於腦。氣之所生，實生於此；氣之所宿，亦宿於此。至於命門，氣所出入之門戶，故曰命門。

十二地支，逐日所守在，不可不知。如針著人身即死，拳擊著神，輕則傷，重則亡。歌曰：子髁、丑腰、寅在目，卯面、辰期、巳手足，午胸、未腹、申在心，酉背、戌期、亥股續。以上是運動家宜所知，慎之無犯。

又，打拳宜知陰陽勁，背為陽，腹為陰。凡是胳膊、手、肘、膝、足，面向外者為陽，手腕、胳膊、肚腋、腿彎、根、肚、足底皆為陰。凡有骨節，屈為陽，伸者為陰。裏往外開為陽，外向內收皆為陰。故外擊者為陽，引式為陰。有時勁方伸而忽縮，是陽變為陰；或是方收而忽放，是陰變為陽。

太極之根，蘊原是互為其根，故用極其活動，無定之中自有一定。如兩人交手，有明一引一進者，半引半進者，有即引即進。大率引為陰，進為陽。

取象

伏羲八卦正位，乾在南方，乾健也。左肘在南，內勁是剛，如乾之健。坤居北方，坤順也。右肘在北，遂機引動，如坤之順。離居東方，背在東方，如離之虛明。左手佐之，極其靈動，惟虛故然。坎居西方，如弓，如輪。胸前合，如弓，為加憂。心中恭敬，虛無不周。如之腹背手足皆在乾坤坎離之位上，具兼四卦，故取諸。

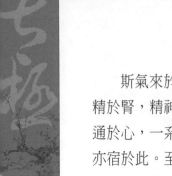

長短句俚語

其一

運動本無方，必大開大合。與下式斜形一樣，右手在西北，左手鎮東南，右足踞西北，左足禦東南，中間人字大開襠。兩肱伸展，左足拗一步停住。兩手平分，齊摟兩膝。右手側面落胸膛，左手背折脊後藏。兩足而微分前後，指向西方陣堂堂。整整旗幟，有耀放金光。亦何泥古式，鄙今式，才能短長。

東西南北皆正位（言四體合四方之位），乾坤坎離皆為強。任督介中央，六封四閉固封疆。外不侵，內不失，矯矯特此不尋常。才是一陰一陽，渾淪無間不矜張。

其二

右手前，左手後，肘護兩肋有主張。背負離，腹向坎，襠開要圓。左足左，右足右，肩髃位乾坤。身樁正無偏，浩氣任流轉。恨不得足下踏透博厚地，頭顱頂破高明天。總是個大氣蓬勃中有宰，一動一靜皆自然。

七言俚語

其一

太和元氣運吾身，先護兩膝前後心。

眼神看住中指位，四面八方任人侵。

其二

上承白鵝亮翅開，扣合周身護官骸。

中間一點真命脈（心中靈氣），左右皆無任君裁。

蓋無極者，一無所有。

無形聲不曰無極，而曰太極。

其三

元氣旋轉本無停，官骸藉以運流通。
有形造至無形際，方知玄妙在其中。

第七式　初 收

何謂初收？以別乎其再收者矣。以上式股肱皆伸舒展開，此式宜收而合之也。故謂之收，取其意也。

節解

左肘向外下沉。手掌斜而向裏。腋無夾。各骨節同前式。左膝屈足點地，為蓄式。側面左手在前，右手在胸前，斜而下，兩手合面。（圖 9）

圖 9　初收

蓋無極者，一無所有。

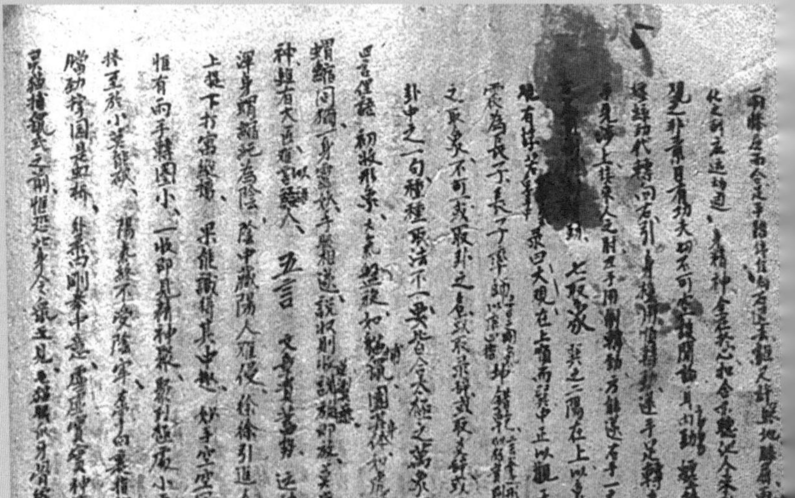

無形聲不曰無極，而曰太極。

引蒙

本式上承摟膝，下接右手在前。如有人來捺我右肱，及以右手向前迎接他人兩手，我接時以右手頂右肱，用順纏勁由左向右引之，使進，必令外面得式，不然彼必不進。而我周身皆是引勁，向右去，彼一向右即落。

落空地，所以我身一轉，彼即不得實堨吾胸，由吾身滑過。右手去時，左手亦遂上前接他，肘與手齊引之，左手卻是用倒纏勁。右足順纏，先自右向左轉過去，再由左向右退回去。

足落實，身向前，兩膝屈而合。足平踏，停住向右退去，離尺許足點地，膝屈。兩肱籠住，剛柔並兼，得其中，使能聽他人之勁。靜以變動，化之酬應運動。周身精神，全在於心。扣合亦聽他人來勁。如何取巧進攻？不是早備，變在臨時，制宜耳。以此觀之，非素日有功夫，切不可空談閑論耳。

內勁

纏絲引進，右手在拗步時，手向左。初收右手腕先由右向左用纏絲勁帶轉向右引身。椿用順轉勁，隨手足轉去，用周身用骨力才能以真勁引動。

左手隨右手向右引，手先涉上，接來人之肘。左手用倒轉勁，方能隨右手一齊運行。右足向右退，非向後退。左足同右足退去，落在右足前側，用倒轉勁。

蓋無極者，一無所有。

取象

巽之二陽在上，以象兩手。坤之三陰在下，以腹巽上坤下曰觀，故取諸觀。觀有浮若（言中氣浮於中），錄曰大觀，在上順而巽，中正以觀天下（言我觀人如何取式進來）。巽為目，坤順也（言窺覷其式，遂機引誘）。中爻二四合卦，震為長子，長子率師（言之剛氣以率四指）。坤錯乾（言拳之形似弱實剛），斂束其身有大蓄意，故又取諸大蓄（言養鋒蓄銳也）。

拳之取象，不可一。或取卦之名，或取錄辭，或取爻辭，或取大小兩象，或卦中一語，或取孔子繫辭《說卦》《序卦》中之一句。種種取法不一，要皆合太極之萬象畢備，任人所取，無各如其意，以去之易也。

四言俚語

初收形象，大氣盤旋。如貓捕鼠，團其身體。
如虎咥人，先束其身。如獅搏象，全身精神。
形跡貴小，蝟縮同貓。一身靈妙，手眼相隨。
說收則收，莫測其意。說放即放，莫當其銳。
從來蠖屈，未有不伸。此中靈妙，全在於神。
雖有大匠，難以語人。

五言

文章貴蓄勢，運動亦如是。
意欲先服人，勝由敗中致。

七言俚語

其一

渾身 縮純為陰，陰中藏陽人難侵。

徐徐引進人罔覺，層層陷阱計自深。

右實左虛理戛擊，上提下打寓縱擒。

果能識得其中趣，妙手空空冠當今。

其二

欲從開後（摟膝式末合中之開）收得好，惟有兩手轉圈小。

一收即見精神聚，聚到極處小更小。

不收不見收中情，一收一放何失矯。

捲至於小莫能破，陽氣終不受陰牢。

右掌向裏指朝天，右手一收進乳邊。

左虛右實足叉開，襠勁撐圓似虹橋。

外柔內剛拳中意，虛虛實實神皆到。

此中意蓄精中健（一言難繪），撲鼠請君看靈貓。

靈貓捕鼠式之前，惟恐此身令鼠見。

貓眼爪牙骨縮緊，先為蓄勁精力健。

欲揚先抑理本同，獨此一收豈不然。

蓋無極者，一無所有。

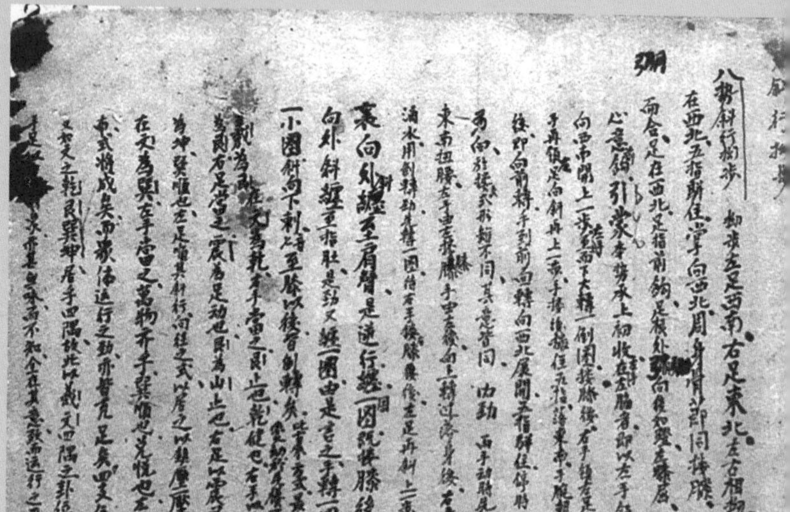

無形聲不曰無極，而曰太極。

第八式　斜行拗步

節解

拗步左足西南，右足東北，左右相拗，謂拗步。左手在東南，撮住五指在脊後。右手在西北，五指駢住，掌向西北。

周身骨節同摟膝。右股展開，膝微屈而合。足在東北，足趾前鉤，足跟外掤，向後如蹬。左膝屈住，足在西南，八字形，心意前鉤。（圖 10）

圖 10　斜行拗步

蓋無極者，一無所有。

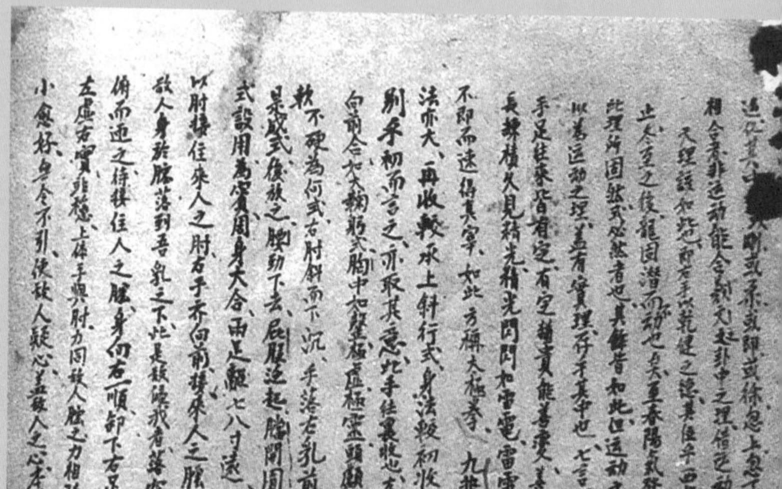

逆亿其[illegible]則或柔或剛或徐息上息下忽然前忽後皆有自然之妙用以彰方陽之[illegible]
相合者非運動能合乾元[illegible]卦中之理借運動以著之者也至此卻稿云若似天機玄說如此實
天理說如此也所左手以乾健之德其往乎無孔不入上而不動是靜境也靜極必動然乾為龍所為
止今至之後龍固潛而動也矣至春陽氣發洩百出驗實龍陽物也安能又止而不動者乎
此理所固然者也其餘皆如此但運動之機以求理之何如者也非能以卦位之取象牽合
以爲運動之理矣有實理存乎其中也 七言俚語 斜中亦北真雁看、位置自然有自見、
手足往來皆有定有空補實真能善變 善變無形並無影 無窮功夫在百練、
長禁積久見精光精光閃閃如雷電雷電猶有遺可睹無影無息盡浩然、
不即而速得其宰 如此方稱太極拳、 九势再收應初收 初收承上揉膝拗步又圖大身
法亦大、再收較承上斜行式身法較初收小手所以轉之亦愈小此再收與初收稍異者、
則手初而言之亦取其意此手往裏收也左肩鬆下手向裏引歸住指掠住雖右手吾寸身
向前合大胸中如壁極虛極靈頂顛微低心意注到左肘右手服着西方頂勁領好不
敢不硬為何式右肘斜而下沉、手落右乳前掌向裏合離胸六七寸兒第一頁所之圖皆
是成式後接之腰動下去屈膝逆起腳開圓右膝屈足平踏為主左膝屈足失其地為下
式設用為虛實周身大合兩足離七八寸遠、 引蒙 本式承上斜行式 左手未及抬起、
以肘接住來人之肘右手亦向前接來人之腕用隨左腕向右引使來人近吾身將身一頓、
敌人身於腰落到吾乳之下此是使敌求者落空不惟不得式而且危險不能自主人之初來其身
俯而逆之待接住人之腕身向右一順卻下右足隨身下卻向後退一步左足亦向後退一步足
左虛右實非穩上体手與肘力同敌人腕之力相隨使挈住敌人之腕引之使進身吾身收來愈
小愈好、身令不引、使敌人疑心並敌人之心來欲侵我、吾卻將式就式因其非於侵勝而引

無形聲不曰無極，而曰太極。

引蒙

本式承上初收。左手在左肋者，即以左手領住左足，用順轉，由內向外，向西南開上一步，左手至上而下大轉一倒圈，摟膝後，右手領右足向西南上一步，摟右膝（對面）後，左手再領左足向斜再上一步。手摟後撮住五指，落東南，手腕朝上停住。

右足不動，手到後即向前轉，手到前面轉向西北展開，五指駢住，停時中指落與眼平。此式大斜方向，與摟膝式形雖不同，其意皆同。

內勁

兩手動時先繞一小圈，勁由小指掌分行五指肚。面向西北（身法），向東南扭腰，左手由左摟膝，手由左後向上轉過落身後。右手摟右膝，上轉向西展開。左手往下剌（音七），如瀗滴水，用倒轉勁，先轉一圈，待右手摟右膝覆後，左足再斜上一步，用倒轉勁。

再摟左膝，轉一圈。內勁由未摟時，由指肚裏向外斜纏至肩臂，是逆行。纏一周圈，即摟膝後，勁由肩臂涉上至臑俞、肩貞，從裏過腋，向外斜纏至指肚，是勁又纏一圈。

由是言之，手轉一圈，勁轉走兩圈之說，獨左手初起是用順纏，先繞一小圈，斜向下剌（音七），至膝以後，皆倒轉矣（此古來方式，最近百年外式少變動，於先樣不同，仍有原式），其意如一。

八卦方位

西北，在羲為艮，在文為乾。右手當之，艮止也，乾健也。右手以剛，剛健之力，禁止外物。

東北，在羲為震，在文為艮。右足當之，震為足動也，艮為山止也。右足以震艮之為陽，得止而不動。

西南，在羲為巽，在文為坤，巽順也。左足順其斜行嚮往之式以居之，以鎮壓西南。坤為腹，腹向西南。

東南，在羲為兌，在文為巽。左手當之，萬物齊乎。巽順也，兌悅也。左手以和悅之意，以隨眾體運動。待左手落於東南，式將成矣。而眾體運行之勁，亦皆充足矣。

四支位乎四隅，如羲圖之兌、震、巽、艮居乎四隅。又如文之乾、艮、巽、坤居乎四隅，故此以羲、文四隅之卦位相配合，因其位相同，德（德即內勁）無異也，故取之。手足以方位取象，亦甚無味，而不知全在其意，致而運行之飛舞。停蓄陰陽互用，莫非天機運盈虛消（息）運化其中，故或剛或柔，或急或徐，忽上忽下，忽前忽後，皆有自然之妙，用以與方隅之卦。性情相合者，非運動能合羲、文之卦中之理，借運動以著留者也。至此，抑揚頓挫，若似天機，應該如此，實天理該如此也。即右手以乾健之德，其位乎西北耳，又止而不動，是靜境也。靜極必動，然乾為龍，艮為止。冬至之後，龍固潛而不動也矣。至春陽氣發洩，百蟲啟蟄，龍，陽物也，安能久止而不動者乎？此理所固然，式必然者也，其餘皆如此。

但運動之機，以求理之何如者也？非徒以卦位之取象，牽合以為運動之理，蓋有實理存乎其中也。

七言俚語

斜南吊北真難看，位置自然有高見。
手足往來皆有定，有定猶貴能善變。
善變無形並無窮，無窮功夫在百練。
長練積久見精光，精光閃閃如雷電。
雷電猶有跡可擬，無聲無臭盡浩然。
不及而速得真宰，如此方稱太極拳。

第九式　再收（應初收）

初收承上摟膝拗步，其圈大，身法亦大。再收較承上斜行式，身法較初收小，手所以轉之亦愈小。此再收與初收稍異者，別乎初而言之，亦取其意，此手往裏收也。

節 解

左肩鬆下，手向裏引，駢住指，撮住，離右手五六寸。身向前合，如大鞠躬式。胸中如罄，極虛，極靈。頭顱微低，心意注到左肘、右手。眼看西方。頂勁領好，不軟不硬為合適。右肘斜而下沉，手落右乳前，掌向裏合，離胸六七寸。即第一頁之所圖[1]此陳金鰲抄本並未抄錄原

① 此陳金鰲抄本並未抄錄原圖。下同，不另注。

拳中惟是要跌法，不明此法身徒勞。

圖 11　再收

圖，皆是成式。後放之。腰勁下去，屁股泛起，襠開圓。右膝屈，足平踏為主。左膝屈，足尖點地，為下式設用，為賓。周身大合。兩足離七八寸遠。（圖 11）

引蒙

本式承上斜行式。左手未及抬起，以肘接住來人之肘，右手齊向前，接來人之肱，用隨左肱往右引，使來人近吾身，將身一順，敵人身與肱落到吾乳之下。此是敵侵我者，落空不惟不得式，而且危險，不能自主。

人之初來，吾身俯而迎之。待接住人之肱，身向右一順，卸下右足，隨身下卸，向後退一步。左足亦向後退一步。兩足左虛右實，站穩。上體手與肘，力同敵人肱之力相隨，停擊住敵人之肱，引之使進身。吾身收束愈小愈好，無令不引，使敵人疑心。蓋敵人之心，本欲侵撲我。吾即將式就式，因其撲與侵之時而引，令彼不知吾身順，彼即落吾身外涉過，不得侵凌。

內 勁

左肘勁由肩髃向裏斜纏至指肚，由小指掌從手背向裏斜纏至腋。右足用順纏法，逆行纏至腿根。左足用倒纏法，逆行至腿根。

第十式　前堂拗步

在拗步下接演手捶，上夾縫中式。上之初收、斜行應有此寫，不著上下機式扣接不住。

節 解

頂勁領住。兩肩鬆下。左肘微彎。手指斜向下，掌向裏。身向前彎，腰勁下去。左足先開一步，足尖點地，如蜻蜓點水之形式。右足平踏不動。

引 蒙

本式承上再收，左足點地。此左手足一齊發動，向西北開去一大步。趾先著地，用順轉法。左手亦順轉法，勁自腋纏至指肚，將撮指展開，駢住，順轉向上一翻，轉手即到膝邊。待右足跟一步過去，右手用倒轉勁，轉到前面。左手用倒轉勁，摟過膝，到左肋後。兩手不停，左足

拳中惟是耍跌法，不明此法身徒勞。

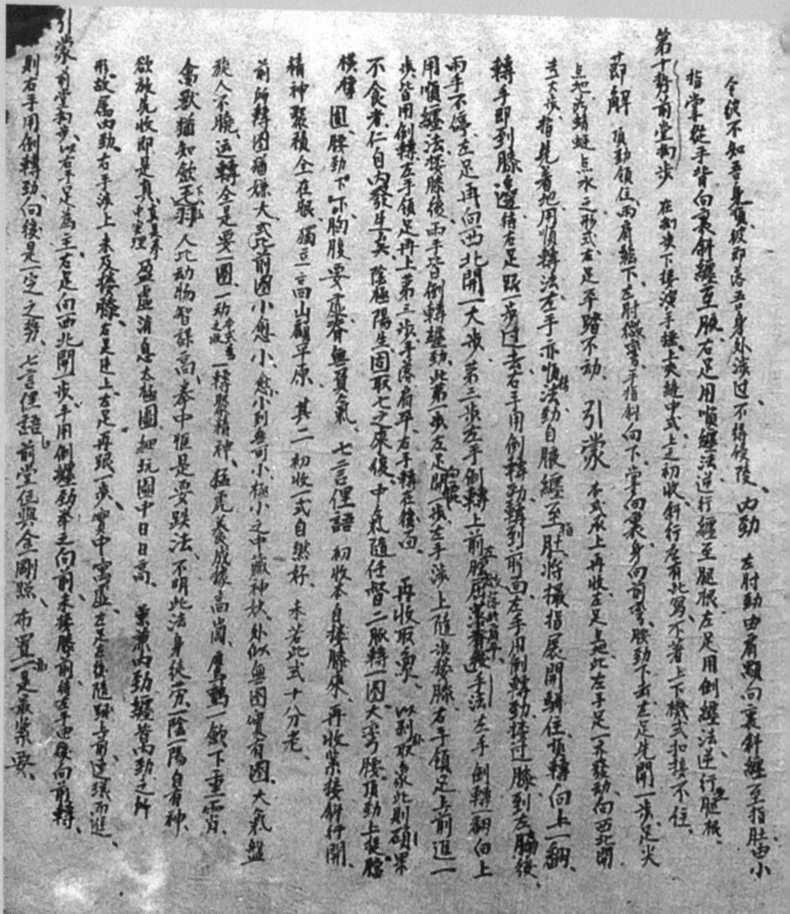

全從不知吾身頂從即落吾身外浅过不得倏陵、內勁　左肘動由肩㵎向裏斜纏至指肚由小
指掌從手背向裏斜纏至腕、右足用順纏法逆行纏至腿根、左足用倒纏法逆行至腿根、
第十勢前堂拗步　在拗步下接演手捶上之中式上之初收斜行左右此寫不著上下樣式扣甚不住、
節解　頂勁領住、兩肩鬆下、左肘微彎、手指斜向下、掌向裏、身向前彎、腰勁下去、左足先開一步、足尖
点地、如蜻蜓点水之形式、右足平踏不動。　引蒙　本式承上再收左足、足尖点地、左手足一齊發動、向西北開
去一大步、指尖着地、用順纏法、左手亦順纏法、動自腕纏至指肚、將掾指展開、騎住頂勁、向上一翻、
轉手即到膝邊、隨右足跟一步、過去、右手用倒纏勁轉到前面、左手用倒纏勁轉過膝到左膀後、
兩手不停、左足再向西北開一大步、第三步左手倒轉上前、手法　左手倒轉一翻向上
用順纏法、接膝後兩手皆倒轉纏勁、此第一步左足開一步、左手演上、隨演接膝、右手領足上前進一
步、皆用倒纏、左手領足、再上第三步、手落肩平、右手轉在後面、　再收取象、以剝象此則碩果
不食者、仁自內發生矣、陰極陽生、固取七之來復、中氣隨任督二脈轉一圈、大彎腰、頂勁上提、膝
橫擔、圓、腰勁下、下胸腹要虛、脊無負氣、　七言俚語　初收本自接膝來、再收緊接斜行開、
精神聚積全在微、獨立亡回山觀平原、　其二　初收一式自然好、未若此式十分老、
前所轉圈猶嫌大、式比前圈小愈小、愈小到無可小、極小之中藏神妙、外似無圈實有圈、大氣盤
旋人不曉、运轉全是要一圈、一動一轉聚精神、猛虎成據高崗、鷹鶚一斂下重霄、
禽獸猶知斂毛羽、人比動物智愈高、拳中惟是要斂法、不明此法身徒勞、一陰一陽自有神、
欲放先收即是真、　盈虛消息太極圖、細玩圖中日日高、　兼內勁纏着勁之竹
形、故屬內勁、右手演上、未及接膝、右足進上、左足再跟一步、實中寓虛、而進、
引蒙前堂拗步、以右手足為主、右足向西北開一步、手用倒纏勁、拳之向前、未接膝前向前轉、
則右手用倒轉勁向後是一定之勢、　七言俚語　前堂與金剛踩、布置一是最緊要、

盈虛消息太極圖，細玩圖中日日高。

再向西北開一大步。第三步左手倒轉上前，左肱微屈，落與肩平。

手 法

左手倒轉一翻向上，用順纏法。摟膝後，兩手皆倒轉纏勁。此第一步，左足向西北開一步，左手涉上隨步摟膝。右手領足向前進一步，皆用倒轉。左手領足再上第三步，手落（與）肩平，右手轉在後面。

再收取象

以剝卦取象，此則碩果不食者，仁自內發生矣。陰極陽生，故取七之來復。中氣隨任督二脈轉一圈。大彎腰，頂勁上提，襠橫撐圓，腰勁下下，胸腹要虛，脊無負氣。

七言俚語

其一

初收本自摟膝來，再收緊接斜行開。
精神聚積全在眼，獨立高山顧平原。

其二

初收一式自然好，未若此式十分老。
前所轉圈猶嫌大，式比前圈小愈小。
愈小小到無可小，極小之中藏神妙。
外似無圈實有圈，大氣盤旋人不曉。
運轉全是要一圈，一動（本式為之收）一轉聚精神。
猛虎養成踞高崗，鷹鷂一斂下重霄。

拳中惟是耍跌法，不明此法身徒勞。

禽獸猶知斂羽毛，人比動物智謀高。

拳中惟是耍跌法，不明此法身徒勞。

一陰一陽自有神，欲放先收即是真（真是拳中實理）。

盈虛消息太極圖，細玩圖中日日高。

內 勁

纏皆內勁之所形，故屬內勁。右手涉上未及摟膝，右足連上，左足再跟一步，實中寓虛。左足在後隨，跟上前，連環而進。

引 蒙

前堂拗步，以右手足為主。右足向西北開一步，手用倒纏勁，舉之向前，未摟膝前，待左手由後向前轉，則右手用倒轉勁，向後是一定之勢。

七言俚語

其一

前堂位與金剛照，佈置亦是最緊要。

纏法倒轉皆如前，中間右足進為妙（右手隨之並向前進）。

其二

二次收來不須長，提回左足在一方。

左足先開第一步，二步右足落中央。

左足仍開第三步，左足拗步右前堂。

夾縫中步不可亂，中行獨立暫舒揚。

此式在前堂拗步，為左足前進第三步。在下演手捶，上為掩手捶設式，是夾縫中式也。

節解

左肘微屈，手有欲彎式。眼看右手腕。左肩鬆下，頂勁領住。右肩鬆下，耳聽身後，腰勁下去。胸向前合，似貪非貪。左膝屈，足向西站。襠撐開。右足向後如蹬。（圖 12、圖 13）

引蒙

右手摟過膝，左足隨上前跟一步，左手從後轉上前。此是更迭前進，不可停待。

圖 12　前堂拗步（一）

圖 13　前堂拗步（二）

拳中惟是耍跌法，不明此法身徒勞。

盈虛消息太極圖，細玩圖中日日高。

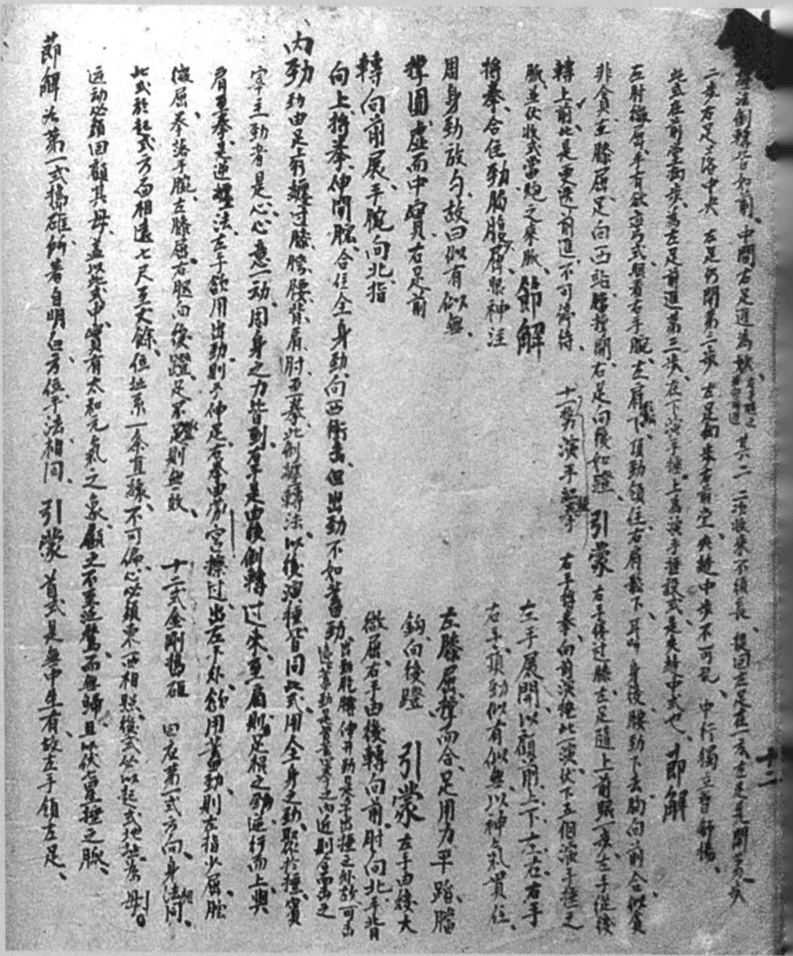

十二

法側轉皆如前、中間右足退為歎[illegible] 其六二 二步退來不須長、提回左足在一丈左足開[illegible]丈

二步右足之落中央 左足方開第二步 右足向來當前定、兵楚中步不可亂、中行獨立皆舒暢、

此式在前堂兩步、為左足前進第三步、左下演手捶、上高演手捶設式是失其中式也、節解

左肘[illegible]屈、手有欲字方式須看右手腕、左肩下頂勁領住右肩鬆下、耳叫身後腰勁下去胸向前合、收實

非會矣、左膝屈、足向西點、膝稍開、右足向後如蹬、引蒙 右手[illegible]過膝、左足隨上前點一步、左手從後

轉上前、此是要先前進、不可[illegible]待、 十二勢演手紅拳 右手拍拳向前演捶、此一演伏下五個演手捶之

脈、並伏收式當炮之拳脈、節解 左手展開以顧前、上下左右者手

將拳合住勁、胸脯[illegible]聚神注 右手頂勁似有似無、以神氣貫住、

周身勁放勻、鼓回似有似無、 左膝屈、蹬而合、足用力平踏、膽

蹬圓、虛而中實、右足前 鈎向後蹬 引蒙 左手由後大

轉向前展、手腕向北指 微屈右手由後轉向前、肘向北、手背

向上、將拳伸開、腕合住全身勁、向西折去、回出勁不如蓄勁 蓄勁能轉伸開勁是手出捶之外故可出 近蓄勁是蓄蓄之內近則含蓄之

內勁 勁由足有[illegible]過膝、膝腰背肩、肘手拳、此側[illegible]轉法、以後演捶皆同、此式用全身之勁、聚於捶實

字主勁者是心、心意一動、周身之力皆到右手、是由後側轉過來至肩、則足根之勁、遂行而上與

肩手拳是逆纏法、左手欲用出勁、則[illegible]伸足、右拳由[illegible]宮擦過、出左手外、欲用蓄勁則右指少屈、腕

微屈拳落手腕、左膝屈、右腿向後蹬、足不蹬則無數、 十二式金剛搗碓 回應第一式方向、身法相同、

此式於起式方面相遠七尺至丈餘、但並系一條直線、不可偏、心必須東西相照、復式必以起式地基為則。

運動必須回顧其母、蓋以此式中實有太和元氣之象、顧之不異見舊而無歸、且必伏有單鞭之脈、

節解 光第一式搗碓、節著自明、但方位、手法相同、 引蒙 首式是無中生有、故左手領左足、

第十一式　演手紅拳（捶）

右手捋拳向前演，掩此一演，伏下五個掩手捶之脈，並伏收式當炮之來脈。

節解

左手展開，以顧前、上、下、左、右，右。手捋拳，合住勁。胸腹稍屈。眼神注右手。頂勁似有似無，以神氣貫住。周身勁放勻，故曰似有似無。

左膝屈，撐而合。足用力平蹈。襠撐圓，虛而中實。右足前鉤，向後蹬。（圖 14）

圖 14　演手紅拳

拳中惟是要跌法，不明此法身徒勞。

引蒙

左手由後大轉向前展，手腕向北，指微屈。右手由後轉向前，肘向北，手背向上，捋拳。

伸開肱，合住全身勁，向西衝擊。但出勁不如蓄勁（出勁胳膊伸開，勁是乎出捶之外，故可擊遠。蓄勁是皆蓄拳之內，近則合而擊之）。

內勁

勁由足上行，纏過膝、胯、腰、背、肩、肘，至拳。此倒纏轉法，以後演捶皆同此式。用全身之勁聚於捶。賓宰主勁者是心，心意一動，周身之力皆到。

右手是由後倒轉過來，至肩。則右足跟之勁逆行而上，逾肩至拳，是逆纏法。

左手欲用出勁，則手伸足。右拳由勞宮擦過，出左手外。欲用蓄勁，則左指稍屈，肱微屈，拳落手腕。左膝屈，右腿向後蹬，足不蹬則無效。

第十二式　金剛搗碓

回應第一式。方向、身法相同。此式與起式方向相遠七尺至丈餘。位址係一條直線，不可偏。心必須東西相照。後式必以起式地址為母，運動必須回顧其母。

蓋以此式中，實有太和元氣之象，顧之不至泛鶩而無歸，且以伏七星捶之脈。

圖 15　金剛搗碓

節解

如第一式搗碓，所著自明白。方位、手法相同。（圖15）

引蒙

首式是無中生有，故左手領左足。

此上承演手捶。左足在西方不動，足趾移轉向北。兩手收落胸前。左手半轉，右手向右伸，轉與右肩平，向下而上至前倒轉，從左手外繞一大圈，落左手腕內。

右足隨右手向前上提，過膝，兩足落齊。足跟向外撐，膝合住，氣歸丹田。足起時，用順轉法；足落時，倒轉勁。距離一足寬。

拳中惟是要跌法，不明此法身徒勞。

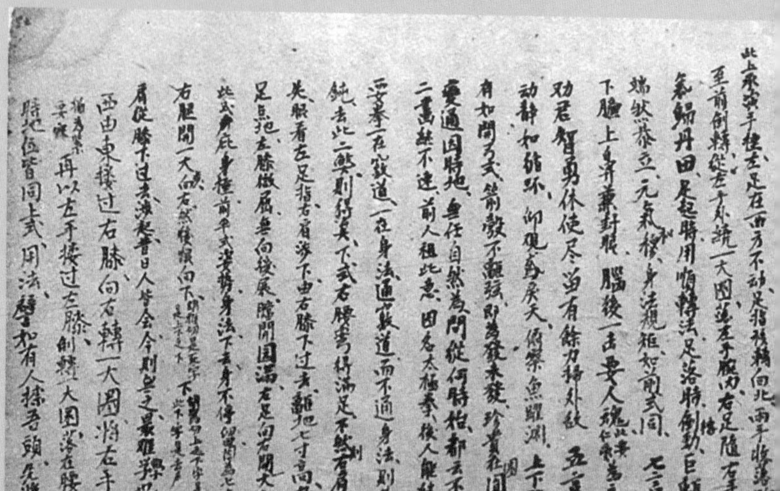

盈虛消息太極圖，細玩圖中日日高。

節解

胸中心和氣平。襠開圓。端然恭立，元氣和穆。身法規矩，如前式同。

七言俚語

其一

上打咽喉下打陰，左右兩肋並中心。

下臁上鼻兼封眼，腦後一擊要人魂（此要仁愛為主）。

其二

練就太極金剛捶，周身上下力千斤。

勸君智勇休使盡，留有餘力掃外敵。

五言俚語

太極有一圈，陰陽在裏邊。端倪原莫測，動靜如循環。

仰觀鳶戾天，俯察魚躍淵。上下皆是道，主宰最深玄。

一開連一合，奇正總無偏。有如開弓式，箭彀不離弦。

即為發未發，珍貴在圈圓（弦引滿而後發箭有力，勁引足而後擊之最快）。經禮具三百，曲禮紀三千。

變通因時地，無任自然為。問從何時始，都云不記年。

惟有伏羲氏，開化最為先。一畫初開天，二畫繼不連。

前人祖此意，因名太極拳。後人能繼續，萬古可流傳。

拳中惟是要跌法，不明此法身徒勞。

第十三式　偏身庇捶

節解

耍拳一在竅道，一在身法。通竅道而不通身法，則其弊失於虛。通身法而不通竅道，則其弊失於鈍。去此二弊，則得矣。

下式右腰彎得滿足，不然則右肩難下。耳聽身後，頂勁無失。眼看左足趾。右肩涉下，由右膝下過去，離地七寸高，故名七寸靠。右肩下時，右足點地，左膝微屈，無向後展。

襠開圓滿，右足向右開一大步，腿足跟能下且下。待肩過去，然後向上屈住。（圖 16 ～圖 19）

引蒙

此式庇身捶。前半式姿勢，身法下去，身不停留。因為七寸靠最難打，故特以此圖賜人。

此由上式，運行既足後將右腿開一大步，向右。然後恨向下（胡雅切，是死字，是上下之下）下（胡駕切，上之下字是上聲，此下字是去聲）。右腿展開向下下，肩亦下下。以及右膝涉起，肩從膝下過去，涉起。昔日人皆會，今則無之，最難學也。

此圖亦是由右膝下過之式，非當年之式。手隨膝而下，向西由東摟過右膝，向右轉一大圈，將右手捋拳落額

圖 16　偏身庇捶（一）

圖 17　偏身庇捶（二）

圖 18　偏身庇捶（三）

圖 19　偏身庇捶（四）

拳中惟是耍跌法，不明此法身徒勞。

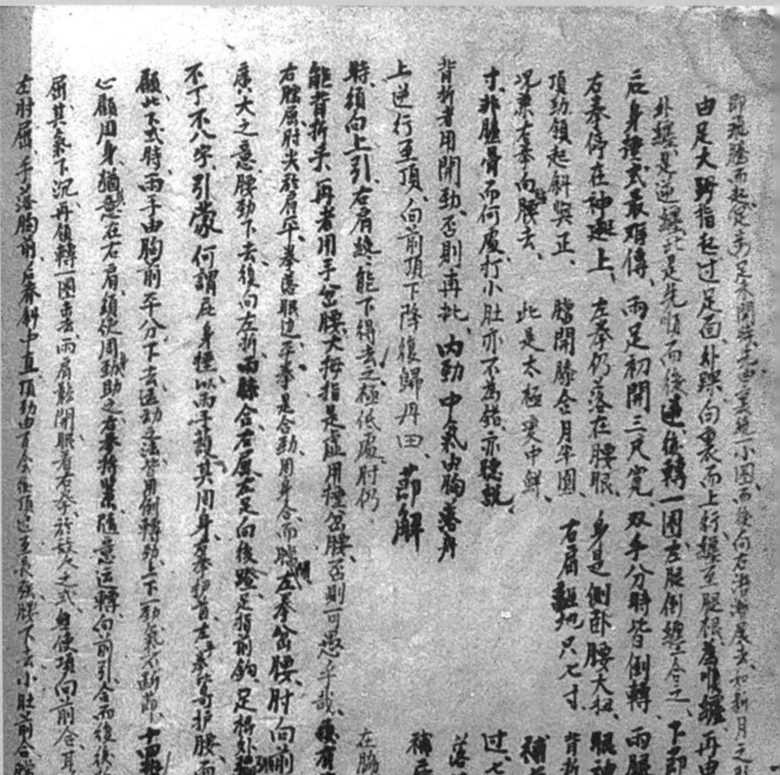

盈虛消息太極圖，細玩圖中日日高。

上，以護頭顱（頭為六陽之首，況神庭、上星、顖交、額角、百會、風府、腦戶，尤為緊要穴）。再以左手摟過左膝，倒轉一大圈，落在腰眼。此是老式。新式兩手齊分下去，分開倒轉一大圈，落時地位皆同上式。

用法

譬如有人捺吾頭，先將右腿伸在他襠內，依住他人小肚，用力向上一挑（上聲），人即飛騰而起（足步）。足未開時，先由裏繞一小圈，而後向右漸漸展去，如新月之形。

內勁

用順纏絲勁。由足大拇指起，過足面、外踝，向裏而上行，纏至腿根，為順纏。再由腿根發至足趾，向外纏，是逆纏。

此是先順而後逆，後轉一圈，左腿倒纏合之。

下節七言俚語

庇身捶式最難傳，兩足初開三尺寬。
雙手分時皆倒轉，兩腿合勁盡斜纏。
右拳停在神庭上，左拳仍落在腰眼。
身是側臥腰大扭，眼神斜視左足尖。
頂勁領起斜與正，襠開膝合月半圓。
右肩離地只七寸，背折一靠最為難。
況兼右拳向襠去，此是太極變中鮮。

拳中惟是耍跌法，不明此法身徒勞。

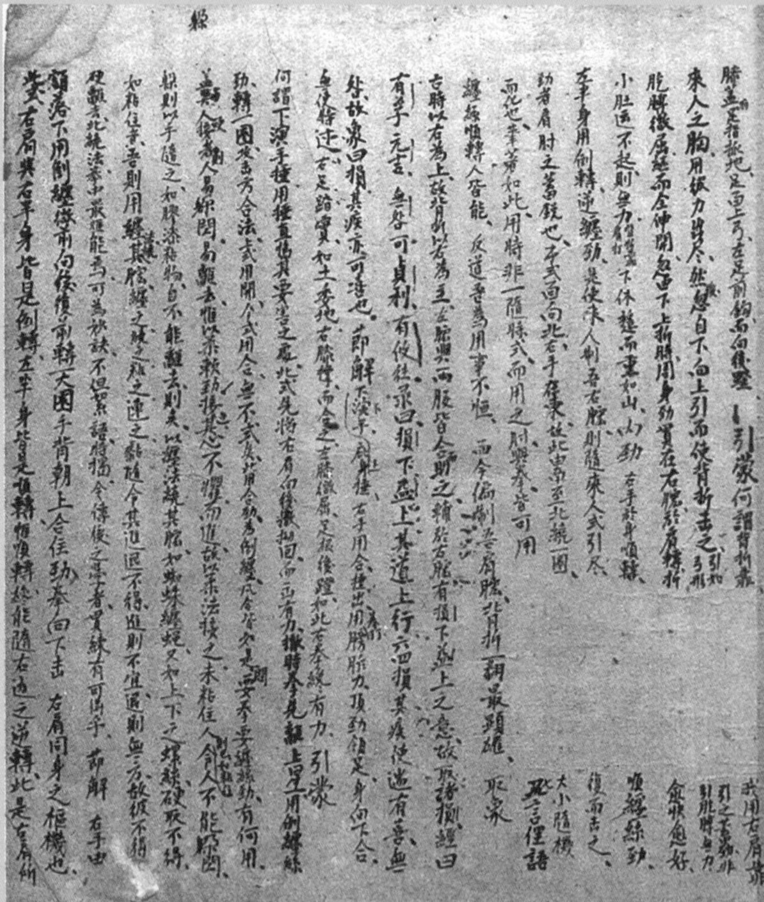
綠

膝蓋足指掀地，足面上弓，左足前鉤而向後墜。引蒙何謂背折靠，式用右肩靠

來人之胸，用徹力出盡，然後自下而上引而使背折擊之，引之不丟，勁非引其膊無力

肫膊微屈，延而全神聚會，自下上折，膊用身勁，實在右膊，於肩轉折，愈收愈好，

小肚氣不起，則無力[illegible]不休，雖而重如山，以勁，右手於身順轉，順纏絲勁，

左手身用倒轉逆纏勁，是使來人制吾右膀，則隨來人式引盡，復而擊之，

勁者肩肘之蓄發也，本式面向北，右手在東，故此由東至北繞一圈，大小隨機

而化也。牽著如此用，時非一隨勢式而用之，肘與拳皆可用　[illegible]言俚語

纏絲順轉人皆能，反道吾為用事不恆，而今倒[illegible]背折，一翻最難，取象

古時以右為上，故背折以右為主，左膀與右膀皆合，斯之賴於右膀有損下益上之意，故取諸損，經曰

有孚元吉，無咎可貞，利有攸往，象曰：損下益上，其道上行，六四損其疾，使遄有喜，無

咎，故象曰損其疾亦可喜也。郎解　下演手，倒捶，右手用合捶，出用膊胎力頂勁，領足身向下合，

無使錯迷，右足踏實如土委地，右膝彎而合之，左膝微屈，足根後蹬，如此右拳終有力。引蒙

何謂下演手捶，用捶直搗其要害之處，此式先將右肩向後撤翻回，而由有力，撤轉拳先翻上，畢上用倒纏絲

勁轉一圈，從出右合法，式用開，今式用合，無不[illegible]合勁，為倒纏，凡今皆是，要拳要纏絲勁，有何用

[illegible]纏絲人易解閃，易離去，惟以柔救勁，擒其心不讓而進，故以柔法接之，未能住人，令人不能躲閃

纏則以手隨之，如膠漆粘物，自不能離去，則矣，以纏法繞其膀，如蜘蛛纏蠅，又如上下之螺絲，被取不得

如粘住者，吾則用纏繞其膀，纏之時之進之，粘隨令其進退不得，進則不宜，退則無方，故彼不得

現離矣，此繞法拳中最難能者，可為秘訣，不但緊語精描，令傳後之學者貫串有可循乎。郎解　右手由

領落，不用倒纏，從前向後，復前轉一大圈，手背朝上，合住勁，拳向下擊，右肩同身之樞機也，

[illegible]右肩與右手身，皆是倒轉，左手身皆是順轉，順轉終能隨右邊之逆轉，此是右肩所

盈虛消息太極圖，細玩圖中日日高。

補：七寸靠本打七寸，非臁骨而何處？打小肚亦不為錯。亦聽說過，七寸者，合勁也，背折者用開勁，否則再批。

內勁

中氣由胸落丹田，由脊而上，逆行至頂，向前頂，下降復歸丹田。

節解

補：庇身捶右手走時須向上引，右肩才能下得去，至極低處，肘仍在肋，否則有礙，豈能背折乎？再者用手叉腰，大拇指是虛用捶叉腰，否則可愚乎哉。

後有明家再批。右肱屈，肘尖與肩平。拳落眼邊。平拳是合勁。周身合而襠開。左拳叉腰，肘向前合，胸中含有廣大之意。腰勁下去，復向左折。兩膝合，右屈。左足向後蹬，足趾前鉤，足跟外硼，踏實。凡成式，兩足不丁不八字。

引蒙

何謂庇身捶？以兩手護其周身。右拳護首，左手拳皆可護腰，而前後左右皆照顧。

此下式時，兩手由胸前平分下去。運動之法，皆用倒轉勁。上下一勁，氣不斷節。

拳中惟是要跌法，不明此法身徒勞。

第十四式　背折靠

節解

心顧周身，猶其意在右肩，須使周身勁助之。右拳捋緊，隨意運轉，向前引，合而後復折擊也。肱直而無屈，其氣下沉，再領轉一圈擊去。兩肩鬆開，眼看右拳。於敵人之式，無使項向前合。耳聽身後，四塊放正（塊，愧音）。左肘屈，手落胸前。後脊斜中直，頂勁由百會後頂過至長強。腰下去，小肚前合，襠撐圓，露右膝膝蓋。兩足趾抓地，足面上弓。左足前鉤而向後蹬。（圖 20）

圖 20　背折靠

引蒙

何謂背折靠？我用右肩靠來人之胸，用彼力出盡，然後忽自下向上引而使背折擊之（引如弓形，引之蓄勁，非引胳膊無力）。胳膊微屈，繼而全伸開。忽由下（向）上折時，周身勁貫在右肱，於肩轉，折愈快愈好。小肚運不起則無力（背折靠肩打）。下體穩而重如山。

內勁

右手與身順轉，順纏絲勁。左半身用倒轉，逆纏勁。是使來人制吾右肱，則隨來人式引盡，復而擊之。勁者，肩肘之蓄銳也。本式面向北，右手在東，故此由南至北繞一圈，大小隨機而化也。筆著如此，用時非一，隨時式而用之，肘與拳皆可用。

七言俚語

纏絲順轉人皆能，反道為用事不恒。
而今偏制吾肩肱，背折一翻最顯雄。

取象

古時以右為上，故背折以右為主。左肱與兩股皆合而助之，輔於右肱，有損下益上之意，故取諸損。《經》曰：「有孚，元吉，無咎，可貞，利有攸往。」《彖》曰：「損下益上，其道上行。六四，損其疾，使遄有喜，無咎。」故《象》曰：「損其疾，亦可喜也。」

拳中惟是耍跌法，不明此法身徒勞。

節解

庇身下演手捶：右手用合，捶出。用拳打、膀靠力。頂勁領足，身向下合，無使時過，右足踏實，如土委地。右膝撐而合之。左膝微屈，足跟後蹬，如此右拳才有力。（圖 21）

圖 21　下演手捶

引蒙

何謂下演手捶？用捶直搗其要害之處。此式先將右肩向後撤，拗回而出有力。撤時拳先離上星，用倒纏絲勁轉一圈，攻擊方合法。上式用開，今式用合，無不式矣。此用合勁，為倒纏。凡合皆如是。

問耍拳要纏絲勁有何用，蓋與人硬接者，則人易躲閃，易離去。惟以柔軟勁接之，其心不懼，而進。故以柔法接之，未粘住人則已，如粘住，令人不能躲閃。躲則以手隨之，如膠漆粘物，自不能離去則矣。以纏法繞其肱，如蜘蛛纏蠅，又如上下之螺絲，硬取不得。如粘住者，吾則用纏法繞其肱，纏之、繞之、粘之、連之，黏隨令其進退不得。進則不宜，退則無方，故彼不得硬離去。

此繞法，拳中最難能焉，可謂妙訣。不但絮語，特揭，令傳後之學者，貫練有可得乎？

內 勁

右手由額落下，用倒纏，微前向後復前轉一大圈，手背朝上，合住勁，拳向下擊，右肩同身之樞機也。

此式右肩與右半身皆是倒轉，左半身皆是順轉。惟順轉才能隨右邊之逆轉。此是右肩所轉之式。不如此，則手與肘所轉皆無本源，不免失之強硬，即失之真髓。此老式也，新式已百餘年，不知何人改之。

七言俚語

其一

右拳一擊破元關（膝下穴名），轉旋右肩不露痕。

進取須憑周身力，得機即克要顯真。

其二

周身全力助右拳，妙用轉關運得圓。

不是右肩能回繞，捶由何處擊丹田（關元下穴名）。

拳中惟是耍跌法，不明此法身徒勞。

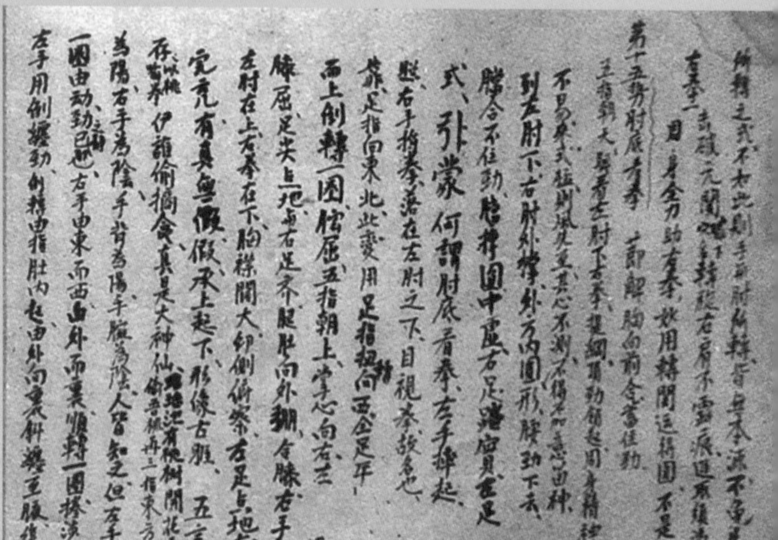

盈虛消息太極圖，細玩圖中日日高。

第十五式　肘底看拳

節解

胸向前含，蓄住勁。意要虛靈。左肘屈住。五指朝天。眼看左肘下右拳。提肛，頂勁領起，周身精神皆能振起，耳聽身後。有人由後來攻，是出其不意。來勢猛則風先至。其心不測，不得不加意留神。

兩肩鬆下。右手捋拳，藏到左肘下。右肘外撐，外方內圓形。腰勁下去，屁股微上泛，不然前襠合不住勁。襠撐圓，中虛。右足踏實。左足趾點地，是虛為下式。（圖22）

圖22　肘底看拳

拳中惟是耍跌法，不明此法身徒勞。

引蒙

何謂肘底看拳？左手率起，手指同肘直上下對照。右手捋拳，落在左肘之下。目視拳，故名也。

此式承上式，上接背折靠。足趾向東北。此變用足趾扭轉向西，全足平踏。左手先向上，斜下而上倒轉一圈，肱屈，五指朝上，掌心向右。左肘屈，向下沉。左足收回，膝屈，足尖點地，與右足齊，腿肚向外弸，合膝。右手順轉一圈，捋拳落在左肘下，成式。

四言俚語

左肘在上，右拳在下。胸襟闊大，仰側俯察。
左足點地，右足平踏。兩膝屈合，襠往外奓。
神氣完充，有真無假。承上啟下，形象古雅。

五言俚語

亦肖獮猴象，仙桃肘下存（以桃喻拳）。
伊誰偷摘食，真是大神仙。
瑤池有桃樹，開花三千年。
結果實王母，偷吾桃再三（指東方朔已偷食三次也）。

講意

肘底看拳，左手為陽，右手為陰。手背為陽，手腕為陰。人皆知之，但左手由下倒轉至外向內纏，是內勁也。靜非徒繞一圈由動勁至靜已也。右手由東而西、由外而裏順轉一圈，捲涉下去，落到左肘之下。亦非由動至靜已也。蓋左手用倒纏勁倒轉，由指肚內起，由外向裏斜纏至腋，復由腋轉回，自裏往外斜纏到指肚止，是謂一周。

右手由東收回到胸前，亦用纏勁。是由指肚外往裏順纏至腋，復返而斜纏，自外而裏至指肚（五指以中指為主，食指、無名指與小指緊靠，大指另行變化）止。與左手意思相仿，合住勁。須用纏法，不用則貌合而神不合。故謂兩手非為空轉，實由心意在兩手中運轉、纏繞，無一息停止。至所謂靜者，不過較於動時氣稍緩耳，非止而不動也。何況天地陰陽變化，豈有停止之時哉？

如夏至一陰生，陰本靜也，自陰生至冬至，陰氣漸長，故未曾停止。即冬至之後，陽氣漸長，陰氣漸消。由冬至夏至，陽長方盛，陰氣消極衰。然亦此不撇空，未嘗停止也。衰極而復始，循環不已。陽氣之動，當然動極生靜，靜極生動。天地之氣故然，況拳之運動乎？如人之方睡，一呼一吸，何嘗停止？故所謂每一式將終，不可停止。然時運行較前更慢，局外者不知也。惟精運動者知之耳。故學者用功，當遵規矩，徐徐運行，不可慌張，慌張則氣粗浮，其中節節理猶。如不細心揣摩，則不能得其奧妙。由前經後，式式皆如此，不必再費筆也。

孟子曰：「大匠誨人，必以規矩。」又曰：「能與人規矩，不能使人巧。」巧妙是（真否）人學習之恒，又在用時之靈。心之溫和，氣之柔橫，禮之順逆，事分輕重，情之親疏，教之否正，時乎短長，敬中不靜。性有溫、和、強、禮、中、曲、折、順、横，誰能識其賢愚？否則

拳中惟是耍跌法，不明此法身徒勞。

一週，右手由東收回到胸前，亦用纏勁，是由指肚外往裏，順纏至肱，復返而斜纏，自外而裏至指肚。
三指時中為合指要奈指
手不停者亦非大指另行變化　止旁右手意思向做合住勁，纏用纏法，不用則斂合而神不合，故謂兩手非為空轉。
實由心意在兩手中運轉纏繞，無息停止，更所謂靜者，不過轉於動勝，氣猶娛耳，非止而不動也。
何況天地陰陽變化，豈有停止之時歟？如夏至一陰生，陰本靜也，自陰生至冬至，陰氣漸長，故未嘗
停止。即冬至之後，陽氣漸長，陰氣漸消，由冬至至夏，陽長之盛，陰氣漸極衰，然亦此不撤，空未嘗停
止也。衰極而復始，循環不已，陽氣之動，當然動極生靜，靜極生動，天地之氣，故然，況拳之運動乎？如人
之有體，一呼一吸，何嘗停止？故所謂每一式將終，不可停止，然特運行較前更慢，局外者不知，悃精運動者
知之耳。然學者用功，當尊規矩，徐徐運行，不可慌張，慌張則氣粗浮，其中節節理循，知不知心揣
摩，則不能得其奧妙。由前退後，式勢皆知此，不必再贅矣也。孟子曰：大匠誨人，必以規矩，又曰能與
人規矩，不能使人巧。然巧是人學習之恆，又在用之靈，心之溫和，氣之柔，橫礼之順逆。
事分輕重，情之親疏，教之否正，時手短長，敬中不靜，性有溫和強橫，礼中曲折順横，雖能識
其賢愚。否則師傳不正，良禽擇木而棲，何況人性，師最愛忠實務本，五年否見真情哉。
今一生愚昧，不知人生聰明，傳受本是一礼，否則其中可廣，下筆不知浮沉，余觀人性雖明，看
自然而可論，誰能再看，冬此為人情，今變不相指亦為憂，天有日月風雲，人否是事，分清楚亦。
余著此據神正論巧是心之理，學由人皆同場，性否自悟耳，人學之奏，不可自盈，盈必損，謙恭為本守
本不過，盈則為高，雖心猶亦恐不能人可與。　內勁　內勁者周身臟腑筋骨之精也，從何而發其始
由於一騰心，心即孟夫子浩然之氣，天地之正氣也。此氣一動，猶丹田之氣呈露，運於周身骨髓
之中，以臣於肌膚，意兔未充足，氣由心中飛而發，斯氣無所而失，致狂忘，氣不充肌膚末，則功夫不純，
則其中不正，日以求其規矩，度數斷續者，必不盈，又而得之功夫，雖少而氣數，氣數則外強中散，必散漫
勁不可不積，否則神扶手，雖筆下走動，否則有起。十二式纏絲倒捲簾，又名倒捲紅。　節解
左手在棟胳膊屈極往上，非如手指物，手背朝上，指肚用力由前向後，隨肩從轉，則手已非如旋環轉關

盈虛消息太極圖，細玩圖中日日高。

師傅不正。良禽擇木而棲，何況人性？師生最愛，忠實務本，五年否見真情。我今一生愚昧，不知人生暗明。傳受本是一禮，否則其中可庸，下筆不知浮沉。

余觀人性難明，青白終而可論，誰能再過百冬？此為人情多變，不相指南為憑。天有日月風雲，人否是事分清。愚蒙，金鰲拙想。歸正論，巧是心之理。學習人皆同場，恒否自悟耳。人學之藝，不可自盈，盈則必損。歉恭為本，守本不過讓則為高。誰心指南，恐不猶人可笑。

內勁

內勁者，周身肱骨、筋骨之精也。此靜勁由何而發其始？由於一縷心，即孟夫子「浩然之氣，天地之正氣」也。此氣一動，遂率丹田之氣（是腎氣也）運於周身，骨髓之中，以運於肌膚，毫末充足。氣不由心中丹田而發，則氣無所本，而失於狂妄。

氣不充肌膚毫末，則功夫不純，則其中不正。日久認真規矩。度數斷練者，必不盈，久而得之，功夫短少而氣歉，氣歉則外強中歉，必敗。此內勁不可不研練，否則神技乎？雖筆下走動，否則有知。

第十六式　珍珠倒捲簾（又名倒捲紅）

節解

左手在後，肱微屈，摳住五指，如手掊物。手背朝

拳中惟是耍跌法，不明此法身徒勞。

盈虛消息太極圖，細玩圖中日日高。

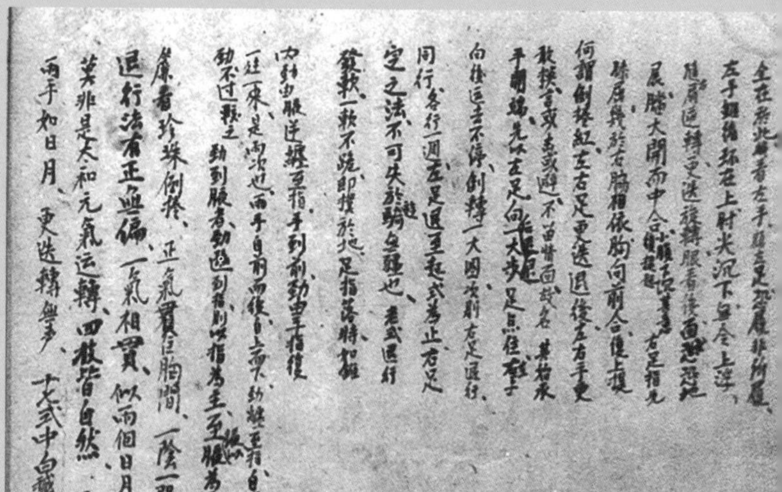

全在於此雖看左手雖看足亦屬非所屬、
左手雖隨跡在上肘尖沉下與全上浮、
隨肩運轉更迭旋轉眼看後面[illegible]
展腋大開而中合[illegible]右足指先
膝屈與於右膀相依胸向前合復上提
何謂倒捲紅、左右足更迭退後左右手更
鼓捲、言或去或避、不留背面故名　其若來
手明矯、先以左足向左大步[illegible]足虛往[illegible]
向後退去不停、倒轉一大圈、次則右足退行、
同行、各行一週、左足退至起式為止右足
定之法、不可失於騎邊、騎虛也、　老武退行
發軟、一軟不跷、即撲於地、足指落特[illegible]
內勁由腋逆纏至指手到前勁由手指復
一往一來、是兩次也、兩手自前而後自上而下勁纏至指、自下而上勁纏至腋此是大略也、手到前者手至無
動不過繫之
勁到腋者、勁過到指則以指為主、至腋為主、手至後其勁則大、手至前者其較小也、長短句俚語
簾看珍珠倒捲、正氣貫注胸間、一陰一陽上下轉換、隨天機運轉、順左顧右盼、
退行法有正無偏、一氣相貫、似兩個日月更迭轉換、轉十分圓滿、問孰為主宰、
莫非是太和元氣運轉、四肢皆自然、五言俚語　凡足皆前進、此式獨退行、
兩手如日月、更迭轉無方、十七式中自藏玄究想節解。左肘下沉則指能伸起、
在此
十三
[illegible]
右手[illegible]前向後從下轉上向前
不平足指[illegible]左膝[illegible]
落[illegible]右足[illegible]
起轉勁下去、引蒙
退倒轉圈[illegible]
上式肘底看拳左手在上[illegible]
隨足向後一齊運動[illegible]
手即隨之而倒轉如左手足
右手在前停住此是[illegible]
頭無大論足到[illegible]不可
扎根式方能定穩、當手至後、
纏逆行至腋手轉一圈[illegible]

圖 23　倒捲紅（一）

圖 24　倒捲紅（二）

上，指肚用力。由前向後，隨肩旋轉，倒轉也。形如旋環，機關全在於此。眼看左手，顧左足，恐履非所履。頂勁愈得領好，否則過易踣（步黑一切僵也）。左手雖循環在上，肘尖沉下，無令上浮。右手由前向後，從下轉上，向前隨右肩逆轉，更迭旋轉。眼看後面，恐地不平。

（左）足趾先落，左膝得展且展。襠大開而中合（小腹下沉，其意復提起）。右足趾先落，待左足到後，右足落實。右膝屈，幾與右肋相依。胸向前合，復上提起，腰勁下去。（圖 23、圖 24）

引蒙

何謂倒捲紅？左右足更迭退後，左右手更迭倒轉圈。如紅鐵出爐，人莫敢摸。言或擊或避，不留情面，故名。

拳中惟是要跌法，不明此法身徒勞。

其始承上式肘底看拳。左手在上，即以左手開端。先以左足向後退一大步，足點住。左手隨足向後一齊運動。右手又隨向後運去不停，倒轉一大圈。次則右足退行，手即隨之而倒轉，如左手足同行，各行一周。左足退至起式為止，右足、右手在前停住。此是步驟，一定之法，不可失於遊騎無疆也。

老式退行，頗無大論。足到後，膝蓋不可發軟，一軟，不跪即撲於地。足趾落時，如錐紮根，式方能定穩。當手至後，內勁由腋逆纏至指。手到前，勁由手指復纏逆行至腋，手轉一圈，勁走一往一來，是兩次也。兩手自前而後，自上而下，勁纏至指；自下而上，勁纏至腋。此是大略也。

手到前者，手豈無勁？不過較之勁到腋者，勁遜，到指，則以指為主；至腋，以腋為主。手至後，其勁則大；手至前者，其較小也。

長短句俚語

簾看珍珠倒捲，正氣貫住胸間。一陰一陽，上下轉換。隨天機運轉，慎左顧右盼。退行法有正無偏，一氣相貫。似兩個日月更迭轉換，轉千分圓滿。問孰為主宰？莫非是太和元氣運轉，四肢皆自然。

五言俚語

凡足皆前進，此式獨退行。
兩手如日月，更迭轉無聲。

第十七式　中白鵝亮翅

節解

左肘下沉，則指能率起，運動方能活動。左手以鼻為界，無令過右華蓋。左肩沉下鬆開，機關旋轉，全係於肩，故當壓肩。頂勁領住，無令倒塌，則周身精神自振。眼看右手中指，手腕向外，神無旁泄。右手稍屈，無時過。肘於肩微低。右手掌向外，五指束住，與眼平。腰精下去，則前襠自合，屁股微向上泛，小肚自合。左膝微屈，襠要撐圓，向前合。右足向右，形如初月。足踵先落地，膝屈。胸前合，令心虛靈。胸中有橫氣，則心不能虛，不虛則不靈。（圖 25）

圖 25　中白鵝亮翅

拳中惟是耍跌法，不明此法身徒勞。

盈虛消息太極圖，細玩圖中日日高。

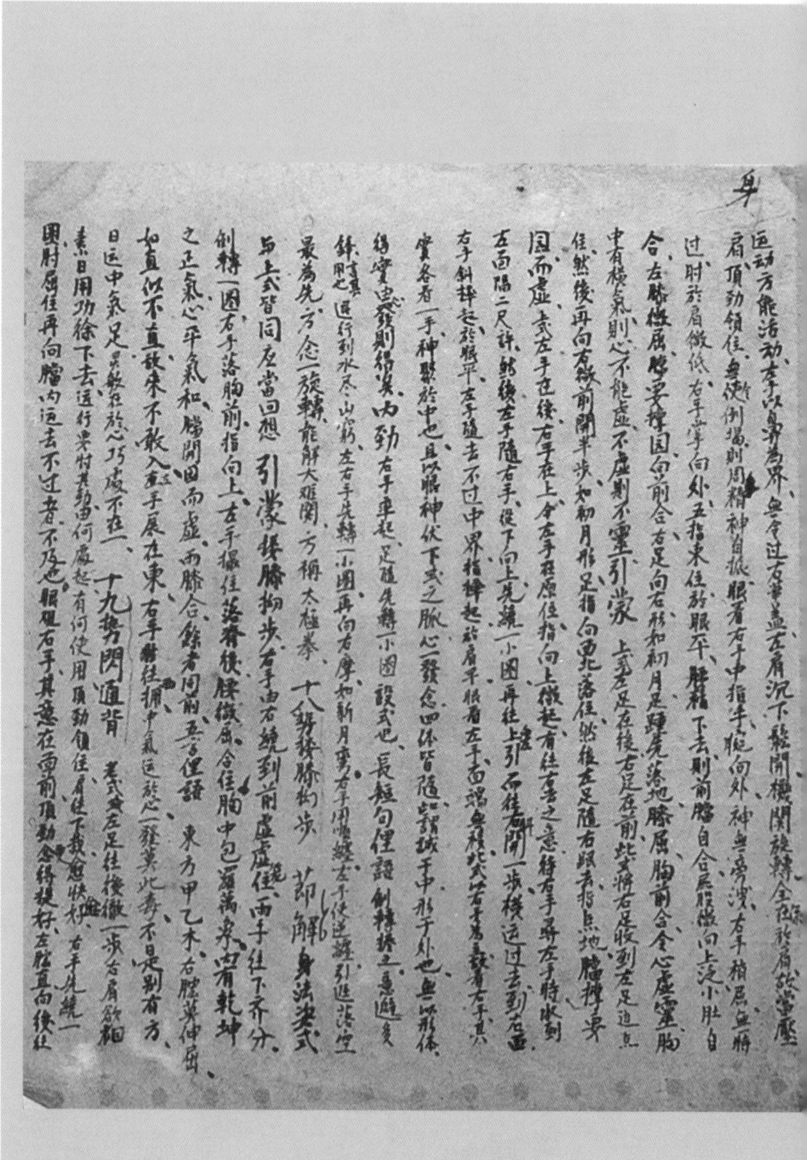

身

運動方能活動。右手以鼻準為界，無令過右；並蓋左肩沉下，鬆開機關，旋轉全在於肩，故當壓肩頂勁領住，無使側倒，則周身精神自振。眼看右手中指，手腕向外，神無旁洩。右手稍屈無掰過肘。於肩微低。右手掌向外，五指束住於眼平。襠精下去，則前膝自合。尻胯微向上泛，小肚自合。左胯微屈，膝要掉回向前合，右足向右，形如初月，足跟先落地，膝屈，胸前合，全心虛靈。胸中有積氣，則心不能虛，不虛則不靈。引蒙 上式左足在後，右足在前，此式將右足收到左足跟邊，足往，然後再向右微前開半步，如初月形，足指向西北落住，然後左足隨右跟去，指點地，膝掉要圓而虛。式左手在後，右手在上，令左手在原住指向上微起，有往東去之意，待右手舉左手時收到左面隔二尺許，然後左手隨右手，從下向上先繞一小圈，再往上引而往左開一步，橫運過去到左面。右手斜撑起，於眼平，左手隨去不過中界，指撑起於肩平，眼看左手面，端無頂。此式以右手為主，右手只實，各看一手，神聚於中也。且以眼神伏下式之脈，心一發念，四体皆隨，此謂拔于中形于外也。無以形体待實虛，發則得矣。內勁 右手東起，足隨先轉一小圈，設式也。長極句俚語 側轉掩之意避身錄，用之運行到水盡山窮，左右手先轉一小圈，再向右摩，如新月勢，右手用收縱，左手使迎避，引進落空最為先，方念一旋轉，能解大艱難，方稱太極拳。

十八 斜摟膝拗步 節解 身法姿式

與上式皆同，應當回想。引蒙 摟膝拗步 右手由右繞到前，處虛住，兩手往下齊分。側轉一圈，右手落胸前，指向上，左手撮住，落脊後，胯微屈，合住胸中，包羅萬象，內有乾坤之正氣，心平氣和，襠開圓而虛，兩膝合。餘者同前。吾子俚語 東方甲乙木，右胯莫伸屈。日運中氣足，只是收在於心，巧處不在一。

十九勢 閃通背

本式在左足往後微一步，右肩欲翻如直似不直，敵來不敢入。右手展在東，右手樹往，擁中氣運於心一發，莫此毒，不是剛有方。素日用功，徐下去，運行要忖其勁由何處起，有何使用，項勁領住，肩往下鬆，愈快愈妙。右手先繞一圈，肘屈住，再向膽內運去，不過者不及也。眼看右手，其意在西前，項勁念得提起，左胯直向後往

引蒙

上式左足在後，右足在前。此式將右足收到左足邊，點住，然後再向右微前開半步，如初月形，足趾向西北落住。然後左足隨右跟去，趾點地，襠撐要圓而虛。

上式左手在後，右手在上。今左手在原位，指向上微起，有往右去之意。待右手尋左手時，收到左面，隔二尺許。

然後左手隨右手，從下向上先繞一小圈，再往上向左引而往右斜開一步，橫運過去，到右面。右手斜率起，與眼平。左手隨去，不過中界，指率起，與肩平。眼看左手，面端無移。

此式以右手為主，故看右手。其實各看一手，神聚於中也，且以眼神伏下式之脈。心一發念，四體皆隨。此謂誠於中，形於外也。無以形體得，實由心發則得矣。

內勁

右手率起，足隨先轉一小圈，設式也。

長短句俚語

倒轉捲之，意避多鋒（言其用也）。退行到水盡山窮，左右手先轉一小圈，再向右摩，如新月彎。右手用順纏，左手使逆纏。引進落空最為先，方念一旋轉，能解大難關，方稱太極拳。

拳中惟是耍跌法，不明此法身徒勞。

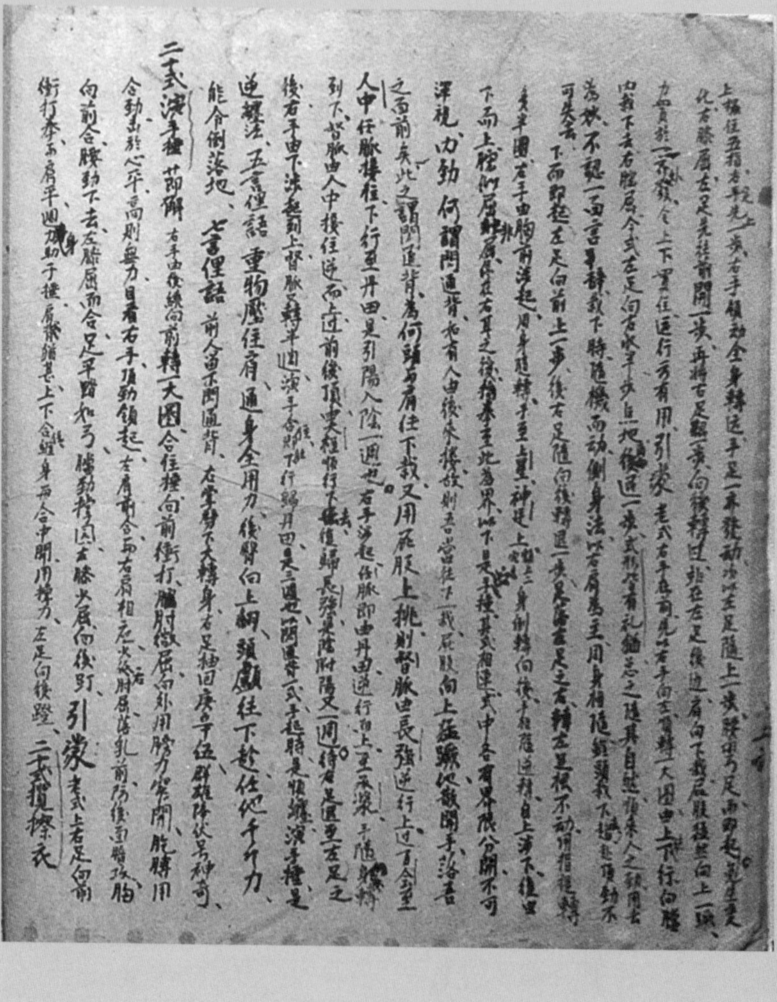

盈虛消息太極圖，細玩圖中日日高。

第十八式　摟膝拗步

節解

身法姿勢與上式皆同，應當回想。（圖 26）

引蒙

摟膝拗步，右手由右繞到前，虛虛攏住。兩手往下齊分，倒轉一圈。右手落胸前，指向上。左手撮住，落脊後。腰微屈，合住。胸中包羅萬象，內有乾坤之正氣。心平氣和，襠開圓而虛，兩膝合。餘者同前。

圖 26　摟膝拗步

拳中惟是耍跌法，不明此法身徒勞。

五言俚語

東方甲乙木，右肱莫伸屈。如直似不直，敵來不敢入。
左手展在東，右手往西擁。中氣運於心，一發莫此毒。
不是別有方，日運中氣足。靈敏在於心，巧處不在一。

第十九式　閃通背

節解

老式左足往後撤一步，右肩欲相素日用功徐下去。運行要忖其勁：由何處起？有何使用？頂勁領住，肩往下栽，愈快愈好。右手先繞一圈，肘屈住，再向襠內運去。不過者，不及也。眼觀右手，其意在面前。頂勁更得提好。左肱直，向後往上，撮住五指。右足先上一步，右手領動全身轉運，手足一齊發動。

次以左足隨上一步，腰彎足而即起，免生變化。右膝屈。左足先往前開一步，再將右足跟一步，向後轉過，站在左足後邊。肩向下栽，屁股猛然向上一蹶，力貫於一，一齊外發，令上下貫住，運行方有用。（圖 27）

引蒙

老式右手在前，先以右手向左順轉一大圈，由上往下行，向襠內栽下去。右肱屈。今式左足向右收半步，點地，再向後退一步。式形皆有理由，總之隨其自然，順來

圖 27　閃通背

人之勁，用去為妙，不認一面言辭。栽下時，隨機而動。側身法，以右肩為主，周身相隨，雖頭栽下去，趨赴頂勁不可失去，下而即起。左足向前上一步，後右足隨向後轉退一步，足落左足之右，轉左足跟不動。用指提轉多半圈，右手由胸前涉起，周身隨轉，手至上星、神庭上（額上二穴名）。身倒轉向後，手相隨逆轉，自上涉下，復由下而上。肱似屈非屈，停在右耳之後，捋拳至此為界。以下是演手捶，其式相連，式中各有界限分開，不可渾視。

內勁

何謂閃通背？如有人由後來摟，故則吾當往下一栽，屁股向上猛蹶，他散開手，落吾之面前矣。此之謂閃通背。為何頭與肩往下栽？又用屁股上挑？則督脈由長強逆

拳中惟是耍跌法，不明此法身徒勞。

行，上過百會至人中，任脈接住，下行至丹田，是引陽入陰一周也。右手涉起，任脈即由丹田逆行而上，至承漿，手隨身後轉到下。督脈由人中接住，逆而上，過前後頂，由大椎順行下去，復歸長強。是陰附陽又一周。待右足退至左足之後，右手由下涉起到上督脈，又轉半周，演手合住，即往下行歸丹田，是三周也。以閃通背一式，手起時是順纏，演手捶是逆纏法。

五言俚語

重物壓住肩，通身全用力。
後臂向上翻，頭顱往下趁。
任他千斤力，能令倒落地。

七言俚語

前人留下閃通背，右掌劈下大轉身。
右足抽回庚辛伍，群雄降伏號神奇。

第二十式　演手捶

節 解

右手由後繞向前，轉一大圈，合住捶，向前衝打。肘微屈，向外用膀力奓開。胳膊用合勁，擊與心平，高則無力。目看右手，頂勁領起。左肩前合，與右肩相應，稍低。右肘屈，落乳前，防後面暗攻。胸向前合，腰勁下

圖 28　演手捶

去，左膝屈而合，足平踏如弓。襠勁撐圓。右膝稍屈，向後蹬。（圖 28）

引蒙

老式上右足，向前衝打拳，與肩平，周身力助於捶，肩背尤甚。上下合住，纏身與合中開。用撐力，左足向後蹬。

第二十一式　攬紥衣

節解

左手叉腰，肘屈前合。兩肩鬆開，轉關則靈。頂勁為

拳中惟是要跌法，不明此法身徒勞。

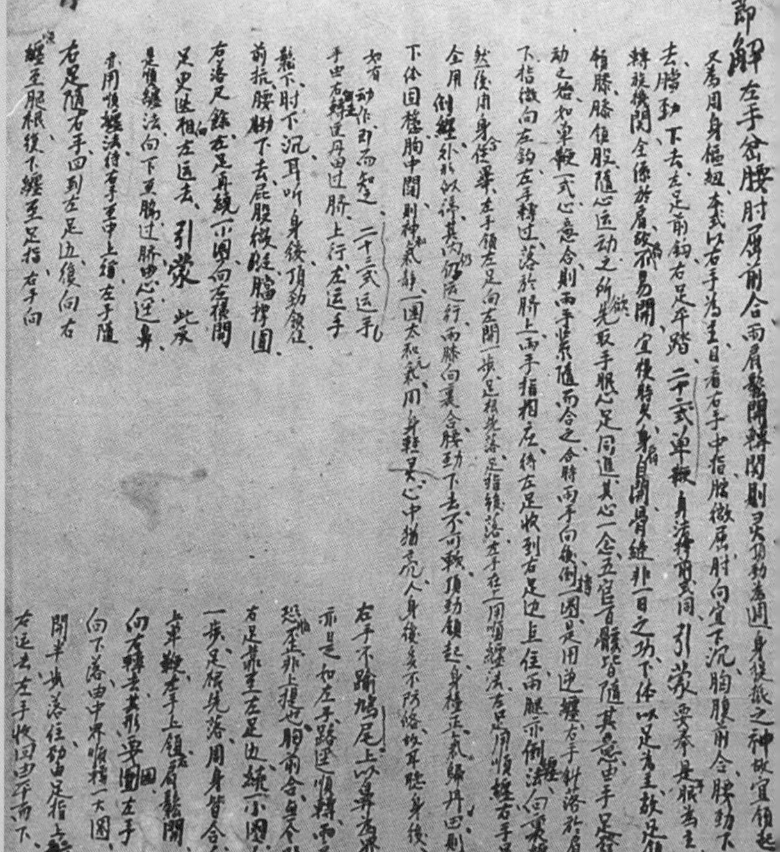

節解　左手合腰肘屈前合兩肩鬆開轉關則靈須動為圓身從旋之神故宜領起
又為用身極短、本式以右手為主、目看右手中指、腋微屈、肘向宜下沉、胸腹前合、腰勁下
去、腨勁下去、左足前釣、右足平踏、二十式單鞭　身法轉前式同、引蒙要拳是眼為主、
轉旋機關全係於肩、破前不易開、宜使轉其身、自開骨縫、非一日之功、下体以足為主、故足領
領膝、膝領股、股隨心運動之所欲、先取手眼心足同進、其心一念、五官百骸皆隨其意、由手足發
動之始、如單鞭一式、心意合、則兩手緊隨而合之、合時兩手向後倒轉一圈、是用逆纏、右手針落於肩
下、指微向左、勁在手轉過、落於臍上、兩手指相應、待左足收到右足邊、上往兩腿亦倒纏法、向裏纏、
然後用身合住眾、左手領左足向左開一步、足跟先落、足指後落、左手在上用順纏法、右足用順纏、右手足
合用倒纏、外形似得其內仍須運行、兩膝向裏合、腰勁下去、不可軟、須勁頂起、身極正、氣歸丹田、則
下体固、樑胸中開、則神和氣靜、一團太和元氣、周身輕靈、心中猶虎、人身後多不防備、故耳聽身後、
如有動作、即而知之、　二十三式運手
手由右纏過丹田、過臍、上行、左運手
鬆下、肘下沉、耳聽身後、須勁領住、
前抗、腰腳下去、屁股微往、膽撐圓、
右落足、餘左足再繞一小圈向左後開
足更隨相左運去、　引蒙　此承
是順纏法、向下更胸過臍、由心運身、
亦用順纏法、待右手至中上、縮左手隨
右足隨右手回到左足邊、復向右
纏至肥根、復下纏至足指、右手向
行

右手不踏鳩尾上、以鼻為界、
亦是如左手路運、順轉、兩肩
鬆沉至非上提也、胸前合、鼻尖合肚
右足蔫至左足邊、繞一小圈向
一步、足根先落、周身皆合手
上單鞭、左手上領、肩鬆開、
向右轉去、其形要圓、左手
向下落、由中界順轉一大圈、
開半步、落住、勁由足指上行
右運去、左手收回、由平而下、

盈虛消息太極圖，細玩圖中日日高。

圖 29　攬紮衣

周身提振之神，故宜領起，又為周身樞紐。本式以右手為主，目看右手中指。肱微屈，肘宜向下沉。胸腹前合，腰勁下去，襠勁下去。左足前鉤，右足平踏。（圖 29）

第二十二式　單　鞭

身法與前式同。（圖 30）

引蒙

耍拳是手眼為主，轉旋機關，全係於肩。故肩不易開，宜慢。時久，身肩自開骨縫，非一日之功。

下體以足為主，故足領膝、膝領股，隨心運動之所欲，先取手眼，心足同進。其心一念，五官百骸皆隨其

拳中惟是耍跌法，不明此法身徒勞。

圖 30　單鞭

意。由手足發動之始，如單鞭一式，心意合，則兩手緊隨而合之。合時兩手向後倒轉一圈，是用逆纏。

右手斜落於肩下，指微向左鉤。左手轉過，落於臍上，兩手指相應。待左足收到右足邊，點住。兩腿亦倒纏法，向裏纏，然後周身合住畢。

左手領左足向左開一步，足跟先落，足趾後落。左手在上用順纏法，左足用順纏。右手足全用倒纏。

外形似停，其內仍運行。兩膝向裏合。腰勁下去，不可軟。頂勁領起，身椿正。氣歸丹田，則下體固穩。胸中闊，則神和氣靜，一團太和元氣。周身輕靈，心中猶亮。人身後多不防備，故耳聽身後，如有動作，即而知之。

第二十三式　運　手

節解

右手不逾鳩尾，上以鼻為界，手由右正轉經丹田過臍，上行。左運手亦是如右手路徑順轉。兩肩鬆下，肘下沉。耳聽身後。頂勁領住，恐怕不正，非上提也。

胸前合，無令肚前抗。腰勁下去，屁股微泛，襠撐圓。右足靠至左足邊，繞一小圈，向右落尺餘。左足再繞一小圈，向左橫開一步，足跟先落。周身皆合，手足更迭，向左運去。（圖 31、圖 32）

圖 31　右運手

圖 32　左運手

拳中惟是耍跌法，不明此法身徒勞。

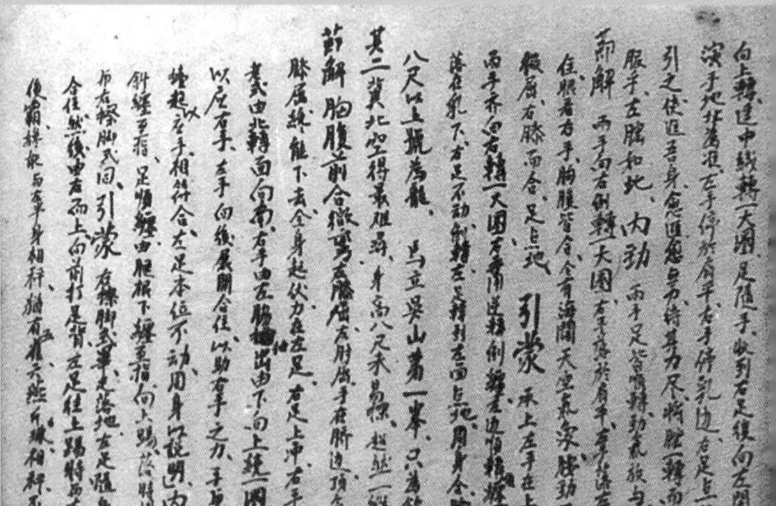

引蒙

此承上單鞭。左手上領，右肩鬆開，是順纏法，向下至肋，過臍，由心經鼻，向右轉去，其形要圓。左手亦用順纏法。待右手至中上行，左手隨向下落，由中界順轉一大圈。右足隨右手，回到左足邊，復向右開半步，落住，勁由足趾上行，順纏至腿根，復下纏至足趾。右手向右運去，左手收回，由平而下，向上轉，經中線轉一大圈。（左）足隨手，收到右足，復向左開一大步。

手足皆用順纏勁，更迭轉換不停，至演手位址為準。左手停與肩平，右手停乳邊，右足點住。

用法

如有人來捺我右肱，吾即以右肱引之，使進吾身，愈進愈無力，待其力盡，將肱一轉而擊之，必無躲閃之地。如疾雷不及掩耳，人否服乎？左肱如此。

內勁

兩手足皆順轉。勁氣放匀，不可忽有忽無。忌之慎。

第二十四式　高探馬（老式）

節解

兩手向右倒轉一大圈，右手落與肩平，左手落左乳

拳中惟是耍跌法，不明此法身徒勞。

圖 33　高探馬

下，手心向上，微側。右手腕向下。兩肩鬆下，頂（勁）領住。眼看右手。胸腹皆合，令有海闊天空氣象。

腰勁下去，屁股微泛，襠開圓，虛中和。左足平踏，膝微屈。右膝而合，足點地。（圖 33）

引蒙

承上，左手在上，右手落在右乳。右足由左向右退一步。兩手齊向右轉一大圈，右手用逆轉倒纏，左邊順轉順纏，周身逆轉過來。

右手展與肩平，在前。左手落在乳下。右足不動，倒轉，左足轉到左面，點地。

周身合，襠開圓，此謂上下相隨。

七言俚語

其一

八尺以上號為龍，馬立吳山第一峰。

只為欲騎千里駿，高探趙奢馬服封（伯益之後，趙奢封為馬服君）。

其二

冀北空得最難尋，身高八尺未易探。

超然一縱姿手力，千里一日解征鞍。

第二十五式　右擦腳

節解

胸腹前合微彎。右膝屈。左肘屈，手在臍邊。頂氣領住。眼看右手。手往下打足面。腰愈下好，左膝屈，才能下去。全身起伏，力在左足，右足上沖。右手往下打，身向下就，才能迎合。（圖 34）

引蒙

老式由北轉面向南，右手由左肋抽出，由下向上繞一圈，順纏勁，從上往下打右足。右足由下向上踢，以應右手。左手向後展開合住，以助右手之力。手與胸向前俯，就右足，若有先迎之意。膝微屈，抬起以應手，相符合。左足本位不動。周身以說明。

拳中惟是要跌法，不明此法身徒勞。

圖 34　右擦腳

圖 35　左擦腳

內 勁

右手用順纏勁，自腋大包穴上去，（由）裏往外斜纏至指。足順纏，由腿根下纏至趾，向上踼，落時用力站穩。

第二十六式　左擦腳

節 解

與右擦腳式同。（圖 35）

引蒙

右擦腳式畢，足落地。左足隨身向前轉半圈，面向北，足點地。（左）手順纏勁，與右手合住，然後由右而上，向前打足背。左足往上踢時，與左手相應。頂勁領住，胸腹手向前俯就。

打時身向後𡑞，才能與左半身相稱。猶有五雀六燕，斤珠相秤。不然則前重，必向前倒，右足站不穩。

內勁

左手與身向前轉，對方面向北，身向前微屈。後半身仍向後𡑞。全身皆向上提，因此要向後𡑞，令其氣平均，得其中。餘與右擦腳皆同。

七言俚語

其一

職分不同在拾遺，入於左腹計量奇。

不是左方能攻左，然而左方亦非宜。

其二

左道由來不其行（尚氣不尚理），何如太極一著精？

人來左面須左應，奚必仍要右手迎？

其三

再將左足轉向北，周身合住最有力。

左手右繞向左擊，順腿踢去老式奇。

拳中惟是耍跌法，不明此法身徒勞。

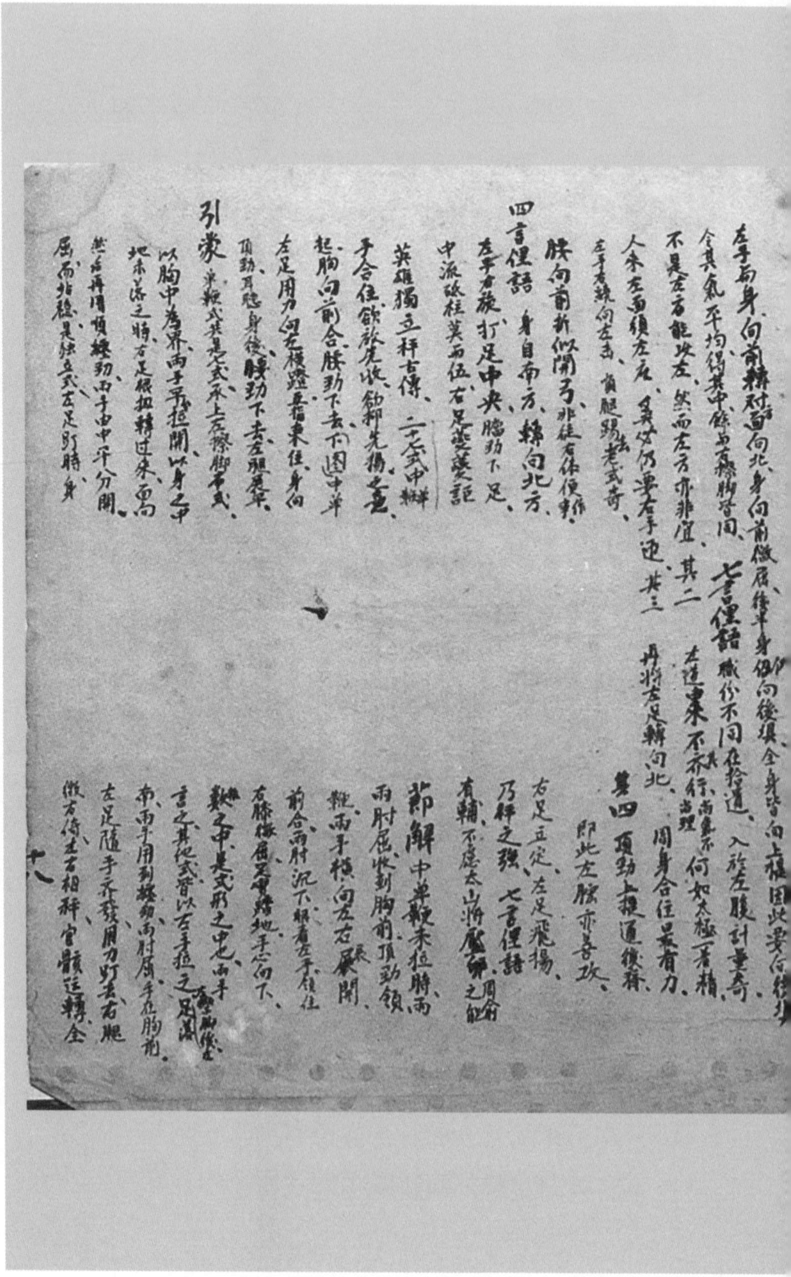

左手前身向前轉對面向北、身向前微屈、後半身仍向後填、全身皆向左極，因此要[illegible]
全其氣平均，得其中，[illegible]右擦腳皆同、七言俚語 職份不同在於道、入於左腰計量奇
不是左右能收左、然而左方亦非宜、其二 左道東來不亦行，而東亦何如太極一著精、
人來左面須左應、員女仍要右手迎、其三 再將左足轉向北、周身合住最有力、
左手右執向左去、員腿踢去老式奇、第四 頂勁上提通後轉、
腰向前折似開弓、非徒右体便轉作 即此左腰亦善攻、

四言俚語

左手右旋、打足中央、腦勁下足、 右足立定、左足飛揚、
身自南方、轉向北方、 乃稱之強、七言俚語
中流砥柱、莫可伍右、足要莫記 有輔、不慮太山將壓頂之[illegible]
英雄獨立稱古傳、二十六式中樑 節解 中單鞭未挂時，兩
手合住欲放先收、欲卸先揚之意、 兩肘屈收對胸前、頂勁領
起胸向前合、腰勁下去、下圓中單 鞭、兩手橫向左右展開、
左足用力向左橫蹬、要指東住、身向 前合，兩肘沉下、眼看左手領住
頂勁耳聽身後、腰勁下去、左腿展舉、 右膝微屈、足要踏地、手心向下、

引蒙

[illegible]式其是七式承上右擦腳而式、 數之中是式形之中也，兩手
以胸中為界，兩手平挂開，以身之中 言之，其他式皆以右手挂之，足[illegible]
地未落之時，右足根扭轉過來，面向 南，兩手用到[illegible]，兩肘屈，手在胸前、
然后再得頂勁，兩手由中平分開、 左足隨手齊發，用力踢去右腿
屈而指穩，是獨立式左足踢時身 微右傾、左右相稱，宜顧左轉全

心有權衡，則周身得其宜。

其四

頂勁上提通後脊，腰向前折似開弓。

非徒右體便做事，即此左肱亦善攻。

四言俚語

身自南方，轉向北方。右足立定，左足飛揚。

左手右旋，打足中央。襠勁下足，仍秤之強。

七言俚語

中流砥柱莫與伍，右足夔夔詎有輔。

不慮泰山將壓卵（周瑜之能），英雄獨立稱古傳。

第二十七式　中單鞭

節解

中單鞭未拉時，兩手合住，欲放先收，欲抑先揚之意。兩肘屈，收到胸前。頂勁領起，胸向前合，腰勁下去。中單鞭，兩手橫向左右展開。左足用力向左橫蹬，五趾束住。身向前合。兩肘沉下。眼看左手。領住頂勁。耳聽身後。腰勁下去。左腿展平，右膝微屈。足實踏地。手心向下。（圖 36、圖 37）

引蒙

單鞭式共是七式，承上左擦腳，本式非數之中，是式

修煉必由道德中進行難關。

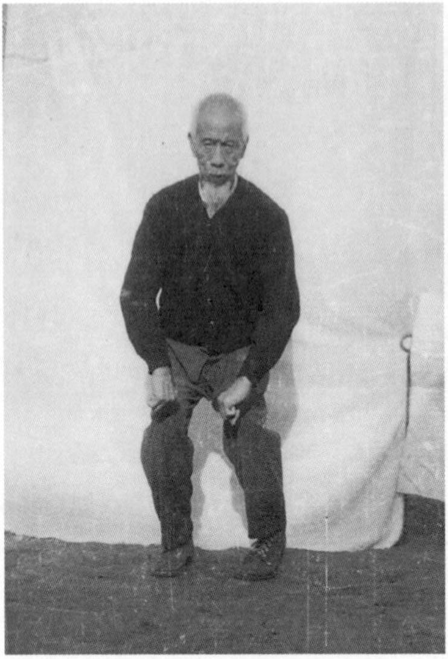

圖 36　中單鞭（一）

圖 37　中單鞭（二）

形之中也。兩手以胸中為界，兩手平分拉開，以身之中言之。其他式皆以左手拉之。左擦腳後左足落地，未落之時，右足跟扭轉過來，面向南。兩手用倒纏勁，兩肘屈，手在胸前。

然後再用順纏勁，兩手由中平分開。左足隨手齊發，用力蹬去。右腿屈而站穩，是獨立式。

左足蹬時，身微右倚，左右相稱，官骸運轉，全在於心。心念發，無不隨之意。心有權衡，則周身得其宜。此在人之精神，而明之默會其意。上所拳一隅，周身詳細推之。去處雖多，儘量言之，但難見知音。紙不能悉，述是吾再思而著草耳。

心有權衡，則周身得其宜。

第二十八式　擊地捶

節解

眼看右拳。身向下大彎，頂勁愈得領起，不然身向前仆。

留意身後，肱在上伸直，隨右拳式涉起。手指束住勁，項與大椎雖隨，右拳掌皆可下栽，意思卻向上提。此是以偏就弊之法。身法大彎而直。

右手擊地，亦擊大也。手逆纏勁，自肩至手。左膝大屈，挨腹，右膝微屈。兩足力抓地，弓與蹬，兩足全站穩。（圖 38、圖 39）

引蒙

承上，右擦腳落地後，足趾向南。兩手合住，收在胸前。手與足一齊發動，手從膻中分開，用順纏法。眼看左手。左足抬起，向左橫蹬，令其身西觺。

左右放停，不可中斷。蹬後落在左一步。左手倒轉，向左旋轉。右足向前一步，跟手倒轉。而後，左足向左再開一步。

右手由後涉起，向左足邊擊地。待身下去，合住勁。左手在上，頂勁領好，旋轉脊背靈敏。

修煉必由道德中進行難關。

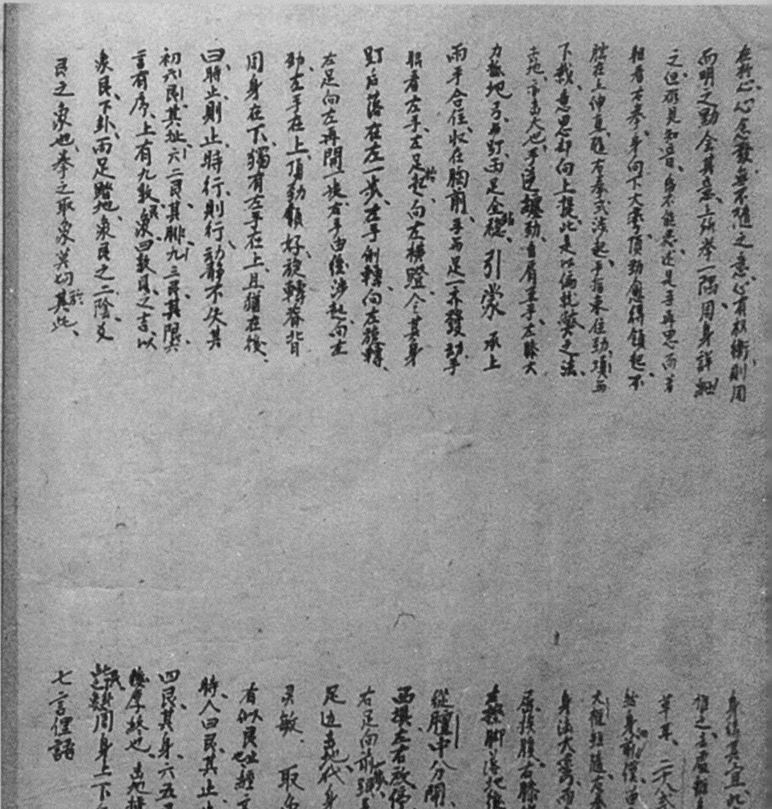

無非心，心之發無不隨之意，心有权衡，則周
而明之勁，全身意上，於拳一隨，周身詳細
之但[illegible]是知音，身不能[illegible]此是手再思而著
想看右拳，身向下大拳頂勁[illegible]領起不
膝在上伸直，隨右拳式法起，手指來往勁頂而
下栽，意思却向上提，此是以偏就[illegible]之法
去地，手去大也，手足護勁，肩[illegible]手左膝大
力蓄地，手與[illegible]兩足全穩，引蒙 承上
兩手合住，收在胸前，手與足一齊發挈
眼看左手，左足挫向左橫蹬，全其身
盯向落在左一步，右手倒轉向左旋轉
右足向左再開一步，右手由後涉起而左
動左手在上，頂勁領好，旋轉脊背
周身在下，獨有左手在上，且猶在後
曰時止則止，時行則行，動靜不失其
初六艮其趾，六二艮其腓，九三艮其限
言有序，上有九數，象四數，[illegible]之吉以
象艮，下卦兩足蹬地，象艮之二陰爻
艮之象也，拳之取象，莫切於此

身得其宜，此存人之精神
靜之至處，[illegible]
[illegible]
[illegible]身前後，由意身後
大體相隨，左拳[illegible]可
身法大要，[illegible]而直左手
[illegible]挨腹，右膝微屈，兩足
蓄勁，腳落地後足指[illegible]
從膻中分開，用順纏法
兩膊左右旋停，不可中斷
右足向前[illegible]，頭手倒轉而後
足边去地，代身下去合住
靈敏 取象 [illegible]
有似艮也，[illegible]文艮背[illegible]
時人曰艮其止，止其所也
四艮其身，六五艮其輔
[illegible]厚終也，去地捶右肘展
之數周身上下各止其所
七言俚語

心有權衡，則周身得其宜。

圖 38　擊地捶（一）

圖 39　擊地捶（二）

修煉必由道德中進行難關。

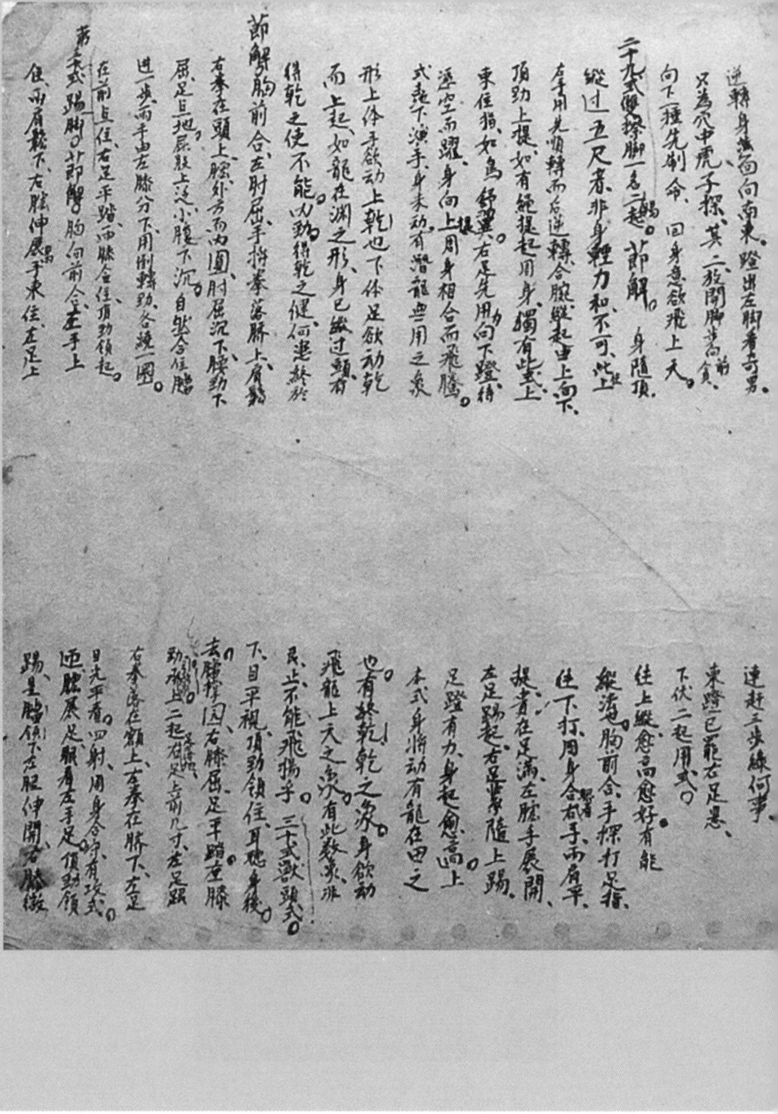

逆轉身面向南東。蹬出左脚看奇男。
又為穴中虎子探，其二，放開脚為前貪，
向下一種先制命，回身急欲飛上天。
二十九式雙擦脚一名二起。節解。身隨頂，
縱過五尺者，非身輕力和不可。此上
左手用先順轉而后逆轉，合腕，腳起由上而下，
頂勁上提，如有繩提起，周身獨有此上
東往指，如鳥舒翼。右足先用力向下蹬，精
凌空而躍，身向上周身相合而飛騰。提
式意不演手，身未动有潛龍無用之象
形上体手欲动上乾也，下体足欲动乾
而上起，如龍在淵之形，身已縱過頭者
得乾之使不能。以勁得乾之健，何患於
節解 胸前合，左肘屈，手拂拳落脉上，肩鬆
右拳在頭上，腕外方而內圓，肘屈沉下，腰勁下
屈足且地，展股上之小腹不沉。自然合住襠
進一步而手由左膝分下，用倒轉勁，各繞一圈。
在前且住，右足平踏，兩膝合住，頂勁領起。
第三十一式踢脚。節解。胸向前合，左手上
住，兩肩鬆下，右肱伸展，手東往，左足上

連趕三步緣何事，
東蹬已罷右足懸，
下伏二起用式。
往上縱愈高愈好，有能
縱滿也。胸前合，手探打足指，
往下打，用身合右手，兩肩平，
提者在足滿，左肱手展開，
左足踢起，右足亦隨上踢，
足蹬有力，身起愈高上
本式身將動有能在田之
也。有終乾乾之象。身欲動
飛龍上天之象。有此数象，非
良，止不能飛揚手。三十式獸頭式。
下，目平視，頂勁領住，耳聽身後。
去膝揉圈，右膝屈足平踏在膝
勁二起，右足上前几寸，左足跟
右拳落在額上，右拳在脉下，左足
目光平看。四射，周身合，有攻式
匝肱展足，眼看左手足，頂勁領
踢，足膝領下，左肱伸開，右膝微

心有權衡，則周身得其宜。

取象

本式周身在下，獨有左手在上，且猶在後，有似艮（止也）。經文艮其背。

《彖》曰：「時止則止，時行則行，動靜不失其時。」又曰：「艮其止，止其所也。」「初六，艮其趾。六二，艮其腓。九三，艮其限。六四，艮其身。六五，艮其輔。」言有序，上有九敦艮。

《象》曰：「『敦艮』之『吉』，以厚終也。」擊地捶，右肱展，象艮，下卦。兩足踏地，象艮之二陰。爻此艮（下卦之象），周身上下各止其所，艮之象也。拳之取象，莫切於此。

七言俚語

其一

逆轉身面向南東，蹬出左腳看奇男。
連趕三步緣何事？只為穴中虎子探。

其二

放開腳步向前貪，東蹬已罷右足懸。
向下一捶先制命，回身意欲飛上天。
下伏二起用式。

第二十九式　雙擦腳（一名二踢起）

節解

身隨頂往上縱，愈高愈好。有能縱過五尺者，非身輕力和，不可。此往上縱法也。

胸前合，手探打足趾。右手先順轉而後逆轉，合腕，縱起，由上向下，往下打。周身合。

眼看右手。兩肩平。頂勁上提，如有繩提起周身，獨有此式。

上提，貴在足滿。左肱手展開，柬住指，如鳥舒翼。右足先用力向下蹬，待左足踢起，右足緊隨上踢。憑空而躍，身向上提，周身相合而飛騰。

足蹬有力，身起愈高。上式擊地下演手，身未動，有潛龍無用之象。

本式身將動，有龍在田之形。上體手欲動，上乾也；下體足欲動，乾也，有終乾，乾之象。身欲動而上起，如龍在淵之形。

身已縱過頭，有飛龍上天之象。有此數象，非得乾之使不能。（圖 40 ～圖 42）

內勁

得乾之健，何患終於艮、止，不能飛揚乎？

心有權衡，則周身得其宜。

圖 40　雙擦腳（一）

圖 41　雙擦腳（二）

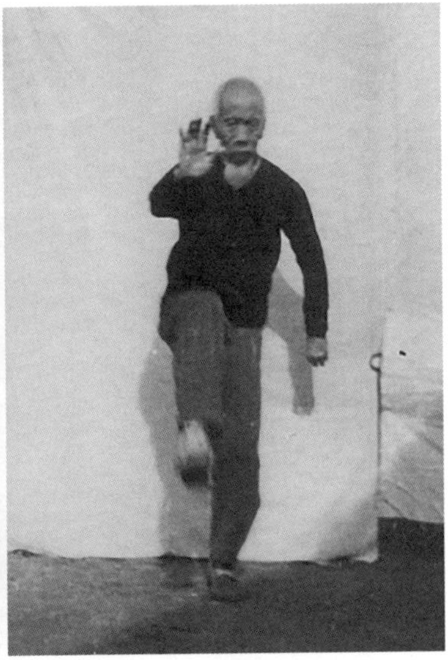

圖 42　雙擦腳（三）

第三十式　獸頭式

節解

胸前合。左肘屈，手捋拳落臍上。肩鬆下。目平視。頂勁領住。耳聽身後。右拳在頭上，肱外方而內圓，肘屈，沉下。腰勁下去。襠撐圓。右膝屈，足平踏。左膝屈，足點地。屁股上泛，小腹下沉，自然合住襠勁。（圖43）

引蒙

承上二起，足落地，右足上前幾寸，左足跟進一步。

圖 43　獸頭式

心有權衡，則周身得其宜。

兩手由左膝分下，用倒轉勁各繞一圈，右拳落在額上，左拳在臍下。左足在前點住，右足平踏。兩膝合住。頂勁領起。目光平看，四射。周身合守，有攻式。

第三十一式　踢一腳

節解

胸向前合。左手上迎，肱展足。眼看左手足。頂勁領住。兩肩鬆下。右肱伸展。兩手束住。左足上踢，是襠領下左腿伸開。右膝微屈，足實踏。腰勁下去，屁股向後壩。（圖 44）

圖 44　踢一腳

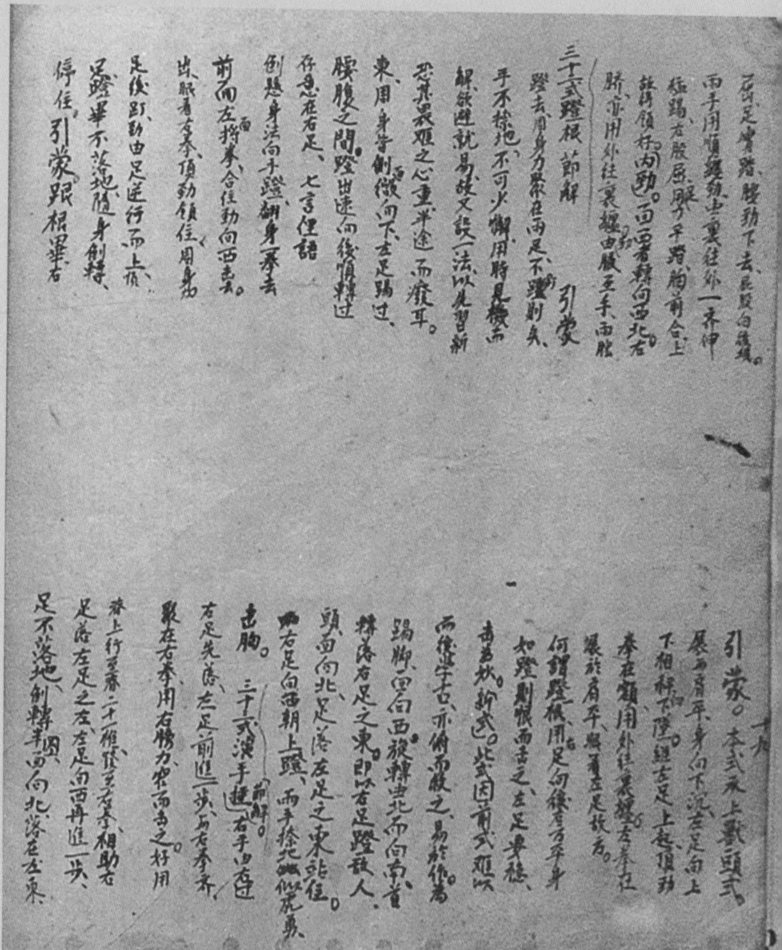

右足實踏，腰勁下去，長股向後撐。
兩手用順纏絲由裏往外一齊伸
極踢，右股屈膝，手平踏，胸前合上
襠領好，內勁。面西者轉向西北，右
肘亦用外往裏纏，由股至手，兩肱

三十式蹬根 節解

蹬去，周身力聚在兩足，不蹬則失。 引蒙
手不捺地，不可少。御用時見機而
解，欲避就易，故又設一法以備習新
恐其畏難之心，重半途而廢耳。
東，用身背側徹向下，左足踢过，
腰腹之間。蹬出速而後順轉過
存息在右足。 七言俚語
倒懸身法向手蹬，翻身一拳去
前面左將拳合住，動向西去。
出。眼看左拳，須動領住。周身勁
足後跟，勁由足逆行而上，頂
足蹬畢不落地，隨身側轉，
停住。引蒙跟根畢，右

十九

引蒙。本式承上獸頭式。
展兩肩平，身向下沉，左足向上
下相稱，不墜。繼左足上起，領勁
拳在額，用外往裏纏，左拳在
展於肩平，與肩至足於右。
何謂蹬根，用右足向後，左右平身
如蹬則根兩舌之，左足要穩，
者為妙。新式。此式因前式難以
而後進學者，亦備而設之，易於作為
踢腳，回向西旋轉由北而向南，首
轉落右足之東。即以右足蹬敵人
頭，面向北，足落左足之東站住。
而右足向西朝上蹬，兩手捺地似虎勇，
击胸。 三十一式演手捶 節解。右手由左
右足先落，左足前進一步，與右拳齊，
聚在右拳，用右膀力衆而去之。好用
拳上行，至第二十八式左拳相助，右
足落左足之左，左足向西再進一步，
足不落地，側轉半圓，面向北，落在左東，

心有權衡，則周身得其宜。

引蒙

本式承上獸頭式。兩手用順纏勁，由裏往外一齊伸展，與肩平。身向下沉。左足向上猛踢，右股屈，足用力平踏。胸前合，上下相稱，向下墜。唯左足上起，頂勁故得領好。

內勁

面西者轉向西北。右拳在額，從外往裏纏。左拳在臍，亦從外往裏纏。勁由腋至手，兩肱展與肩平。眼看左足敵方。

第三十二式　蹬一根

節解

圖 45。

引蒙

何謂蹬一根？用右足向後右方平身蹬去。周身力聚在兩足，不蹬則矣，如蹬則恨而擊之。左足要穩，手不捺地。不可稍懈，用時見機而擊為妙。

新式

此式因前式難以解，欲避就易，故又設一法。以先習

圖 45　蹬一根

新而後學古。亦俯而救之，易於作。為恐其畏難之心重，半途而廢耳。

踢腳，面向西。旋轉，由北而向南，首東，周身皆側面微向下。左足踢過，轉落右足之東。即以右足蹬敵人腰腹之間，蹬出，速向後順轉過頭，面向北，足落左足之東，站住，存意在右足。

七言俚語

右足向西朝上蹬，兩手捺地似虎勇。
倒懸身法向手蹬，翻身一拳去擊胸。

第三十三式　演手捶

節解

右手由右過前而左面捋拳，合住勁向西擊去。右足先落，左足前進一步，與右拳齊出。眼看右拳。頂勁領住。周身加聚在右拳，用右膀力，爹而擊之，好用足後蹬。

勁由足逆行而上，順脊上行至脊二十一椎，發至右拳相助。右足蹬畢不落地，隨身倒轉，足落左足之左。左足向西再進一步，停住。（圖 46）

圖46　演手捶

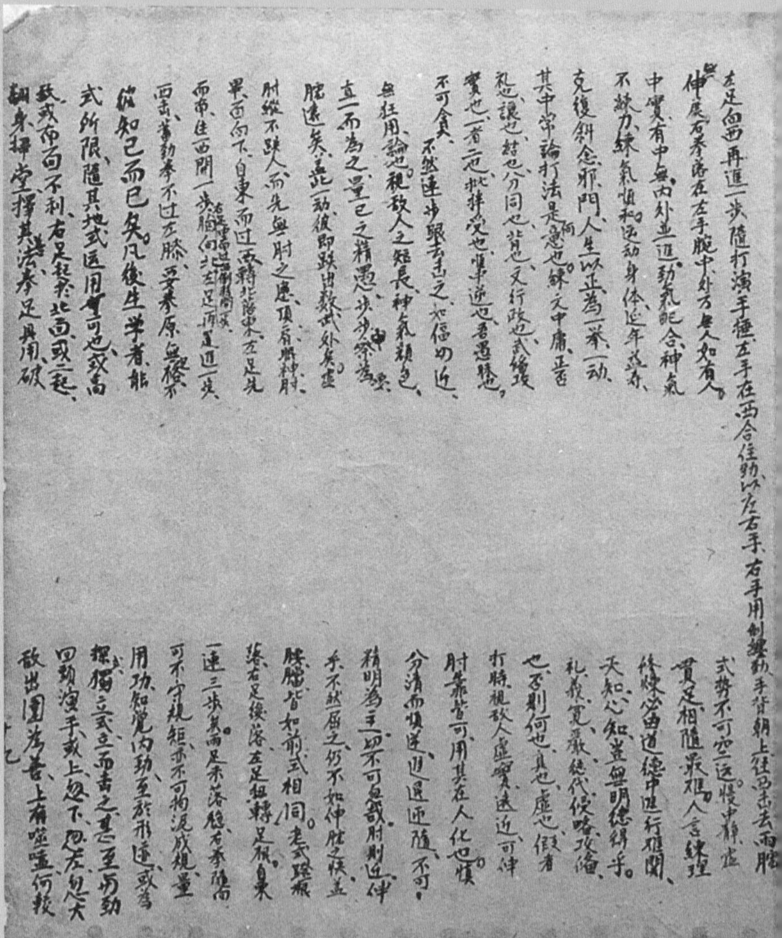
左足向西再進一步隨打演手捶左手在西合住勁以左右手右手用劍纏勁手背朝上往西去去而腕
伸展右拳落在左手腕中外方無人如有人
中實有中無內外並進勁氣配合神氣
不缺力練氣慎和運動身体延年益壽
克復斜念邪門人生以正為一舉一動
其中常論打法是何意也練文中庸正言
禮也讓也結也分同也背也文行政也武纔攻
實也一者一定也批拌受也順逆也吞吐也
不可貪矣 不然連步跟去去之如隔的近
無狂用論也視敵人之短長神氣顏色
直一而為之量己之精愚步步察要
腕遠矣蓋此一動彼即跌出數武外矣虛
肘縱不跌人而先無肘之處項肩與肘
畢面向下自東而過西轉北落東左足先
而南往西開一步臨向北右足而直進一步
西去著勁拳不過左膝要拳原無稜
能知己而已矣凡後生學者能
式所限隨其地式運用可也或高
低或而面不利右足起於北面或二起
翻身擇堂擇其善法拳足並用破

式勢不可空運慢中靜虛
實足相隨最難人言練理
修煉當由道德中進行雅閑
天知心知豈無明德得乎
禮義寬嚴德代侵略攻倫
也否則何也真也虛也假者
打時視敵人虛實遠近可伸
肘靠皆可用其在人化也慎
分清而慎逆進退運隨不可
精明為主一切不可忽戳肘則近伸
手不然屈之仍不如伸肱之快並
膝腿皆如前式相同老式踩踶
落右足後落左足扭轉足根自東
一連三步矣而足未落穩右拳隨向
可不守規矩亦不可拘泥成規量
用功知覺內勁至於形迹或為
探獨立式立而去之甚至而勁
回頭演手或上忽下忽左忽右大
敵出圍為善上有噬嗑何救

心有權衡，則周身得其宜。

引蒙

跟根畢，右足不落地，倒轉半圈，面向北，落在左足。左足向西再進一步，隨打演手捶。左手在西合住勁，以應右手。右手用倒纏勁，手背朝上，往西擊去。兩肱無伸展。右拳落在左手腕中。外方無人如有人。式勢不可空運。慢中靜，虛中實，有中無。內外並進，勁氣配合，神氣貫足，相隨最難。人言練理不練力，煉氣順和，運動身體，延年益壽。

修煉必由道德中進行難關，克服邪念、邪門。人生以正為一舉一動，天知心知，豈無明德得乎？其中常論打法是何意也？練文中庸，正否禮、義、寬、嚴、懲罰、侵略、攻備。禮也，讓也。結也，分同也、背也。文行政也，武備攻也，否則何也？真也，虛也，假者實也。一者二也，批拌受也。順中逆也，吾愚昧也。打時，視敵人虛實、遠近，可伸不可貪。不然連步跟去擊之，如逼切近，肘靠皆可，用其在人化也，慎無狂用論也。視敵人之短長，神氣顏色，分清而順逆。進退迎隨，不可直一而為之。量己之精愚，步步審察為要，精明為主，切不可忽哉。肘則近，伸肱遠矣。蓋此一動，彼即跌出數丈外矣。虛乎，不然屈之仍不如伸肱之快。蓋肘縱不跌人，而先無肘之患，頂、肩、眼神、肘、腰、襠，皆如前式相同。

老式蹬根畢，面向下，自東而過西，轉北落東，左足先落，右足後落。左足扭轉足跟，自東而南，往西開一步；右足由南過西倒轉開一步；胸向北，左足再進一步，一連三步矣。兩足未落穩，右拳隨向西擊，蓄勁，拳不過左膝。耍拳原無定格，不可不守規矩，亦不可拘泥成規，量彼知己而已矣。凡後生學者，能用功，知覺內勁，至於形跡，或為式所限，隨其他式運用可也。或高探式、獨立式，立而擊之，甚至與勁敵或南面不利，右足起於北面；或二起，回頭演手；或上，忽下，忽左，忽大翻身，掃堂，擇其善法，拳足俱用，破敵出圍為善，上有噬嗑，何較滅趾之凶；下有大過，過涉有滅頂噬嗑，滅耳頤之顛諸象。反覆其道，不知何時始能出重險。利涉大川，而得中行，獨復手則七日來復矣。履道坦坦，其誰不用武。人之懲演之，以手報怨。孔子曰「以直報怨」，未為過也。

內勁

中氣由丹田上行至肩，斜纏，由外往裏至拳背第三節下。力由右足跟逆行，順脊而上，過肩至右拳，須用膀力合勁打之。左手亦用倒纏至手指微摳住，腕向東。身法皆與前式同。合膝，足平踏穩，右足在後如蹬，以助右拳之力。右膝不可軟，與左膝合。

七言俚語

其一

第四演手面向西，入險出險報人欺。

右拳須用膀上力，一擊敵人亂馬蹄。

其二

左足落地最為先，右足轉落左足前。

再將左足進一步，試看神力飽空拳。

第三十四式　小擒拿

節解

頂勁，肩、肘、胸、腰、胯、襠、膝、足之法如上式。用此須要靈活，心意在後須用手。耍拳須知用頂勁，頂是為一身之大綱。眼看來人之胸，腰勁下去，否則無力。右足承上式，向前進半步，左足因人方式而進一步擊之。欲進左足，必須先進右足，為引進。襠勁開圓則有力，轉動如意。（圖 47）

圖 47　小擒拿

修煉必由道德中進行難關。

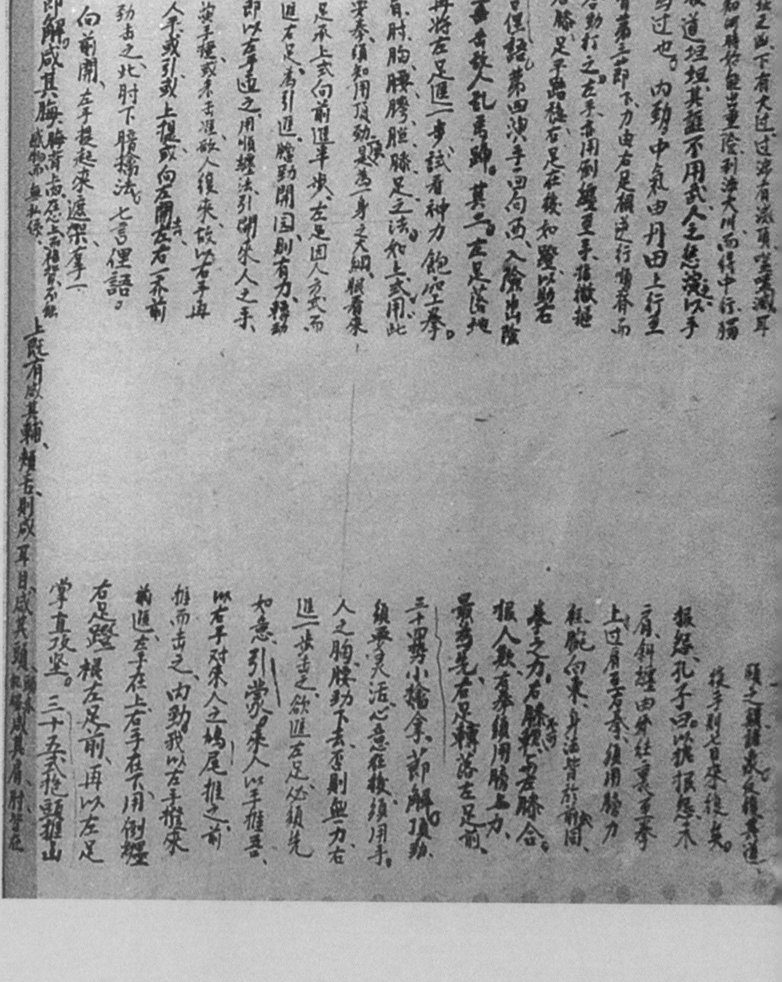
滅然之也，下有大過，過涉有滅頂之凶，滅耳
不知何時於險中重險，利涉大川而得中行，躡
履履道坦坦，其蓋不用武人之態，淡以手
為過也。內勁中氣由丹田上行至
背第三節，下力由右足根逆行循脊而
合勁打之，左手亦用倒纏至手指撤推
合膝，足尖踏穩，右足在後如鷺以助右
七言俚語：第四演手二四肩面，入險出陰
每去敵人亂馬蹄。其二，左足落地
再將左足進一步，試看神力飽空拳。
肩肘胸腰胯膝足之法，如上式用此
要拳須知用頂勁是為一身之大綱，根着來
足承上式向前進半步，左足因人之式而
進右足為引進，胯勁開圓則有力，精勁
即以右手遮之，用順纏法引開來人之手，
與手提或來去，運敵人復來，彼以右手再
人來或引或上提或向左開，左右一齊前
勁去之，此肘下胯搗法。七言俚語：
向前開，左手提起來遮架，拳一
節解，成其胸，胸背去應之，而柔勁不能，
感物而無私係。

頭之穎諸表，久後貫通
旋手則七日來復矣。
振鋒，孔子曰：以我振懸天
二肩斜纏由肘往裏，重拳
上過肩至右拳，須用胯力
在腕，向東，身法背於前面，
拳之力，右膝與左膝合。
振人欺，右拳須用胯上力，
最為先，右足轉落左足前，
三十四勢小擒拿，節解，頂勁，
須要靈活，心意在後，須用手。
人之胸，膝勁下去，否則無力，右
進一步去之，欲進左足，必須先
如意，引蒙來人以手推吾，
以右手對來人之鳩尾推之，前
推而去之，內勁我以左手推來
前進，左手在上，右手在下，用倒纏
右足蹬，根左足前，再以左足
掌直攻堅。三十五式抱頭推山
上既有成其輔、頰舌，則成耳目，成其頭，頭系頸，成其肩，肘皆在

心有權衡，則周身得其宜。

引蒙

來人以手推吾，即以左手迎之，用順纏法，引開來人之手，以右手對來人之鳩尾推之。前演手捶或未擊準，敵人復來，故以右手再推而擊之。

內勁

我以左手撥來人手，或引，或上提，或向左開去，左右一齊前進。左手在上，右手在下，用倒纏勁擊之，此肘下暗擒法。

七言俚語

右足蹬根左足前，再以左足向前開。
左手提起來遮架，右手一掌直攻堅。

第三十五式　抱頭推山

節解

咸其脢（脢，背上肉，在心上，而相背，不能感物，而無私繫）。上既有咸其輔，頰舌，則咸耳目，咸其頭（頭亦能觸），咸其肩、肘，皆在其中。周身用勁前推，肩、肘、手，要力推去。亦猶左足，咸其拇趾。頂勁領起下體，如演手法。（圖 48）

修煉必由道德中進行難關。

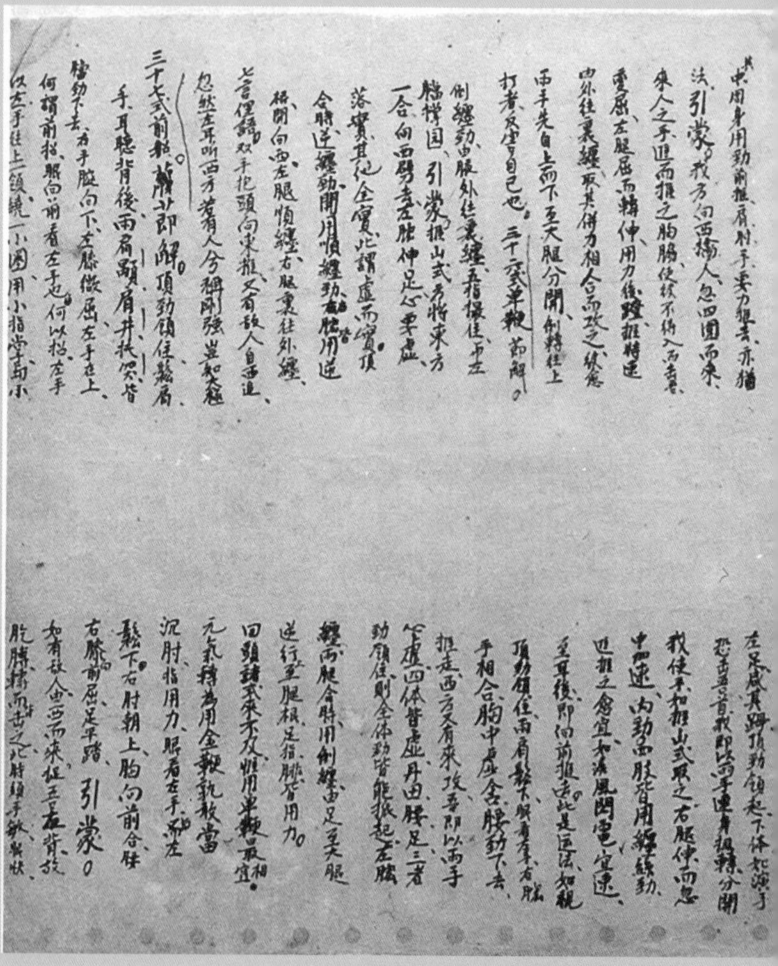

其中用身用勁前推、肩肘手要力推去、亦猶
法、引蒙。我方向西擠人、忽四圍而來、
來人之手、退而推之胸脇、使彼不得入而去者、
要屈左腿、屈而精伸、用力後蹬推轉逆
由外往裏纏、取其併力相合而攻之、然後
兩手先自上而下至大腿分開、倒轉往上
打者、反侵自己也。 三十六式單鞭 節解。
倒纏勁、由膝外往裏纏、五指攝住、而左
膝撑圓、引蒙推山式、另將東方
一合、向西劈去、左腿伸足、心要虛、
落實、其他全實、此謂虛而實。頂
合時逆纏勁開、用順纏勁、合時皆用逆
格開、向西左腿順纏、右腿裏往外纏、
七言俚語：双手抱頭向東推、又有敵人自西進、
忽然左耳聽西方、若有人兮稱剛強、豈知太極
三十七式前招。節解。頂勁領住、鬆肩
手、耳聽背後、兩肩鬆、肩井穴、皆
皆勁下去、右手腕向下、左膝微屈、左手在上、
何謂前招、眼向前看左手也。何以招、左手
以左手往上一領、繞一小圈、用小指掌勁小

左足成弓步、頂勁領起、下体如海子
恐去者、敵即以兩手連身帶轉、分開
我使手、如推山式取之、右腿伸而忽
中四逆、內勁由肢皆用纏絲勁、
退推之愈宜、如疾風閃電、宜速、
至耳後、即向前推去。此是正法、如親
頂勁領住、兩肩鬆下、胸膺合住、右腿
手相合、胸中虛含、腰勁下去、
推走西方、又有來攻、吾即以兩手
心虛、四体皆虛、丹田、腰、足三者
勁領住、則全体勁皆能振起、左腿
纏、兩腿合時、用倒纏、由足至大腿
逆行至腿根、足指、腳皆用力。
回頭請式、來不及、惟用單鞭最相宜。
元氣轉為用、金鞭執敵當
沉肘、指用力、眼看左手、而左
鬆下、右肘朝上、胸向前合、腰
右膝前屈、足平踏、引蒙。
如有敵人由西而來、推去左背、放
肱膝轉而去之、此時雙手斂聚狀、

心有權衡，則周身得其宜。

圖 48　抱頭推山

引蒙

我方向西擒人，忽四圍而來，恐擊吾首，我即以兩手連身扭轉，分開來人之手，進而推之胸肋，使彼不得入而擊吾。我使手，如推山式取之。右腿伸而忽變屈。左腿屈而轉伸，用力後蹬。推時速中加速。

內勁

四肢皆用纏絲勁，由外往裏纏，取其併力相合而攻之。彼愈進，推之愈宜。如淚風閃電，宜速。兩手先自上而下至大腿分開，倒轉往上至耳後，即向前推去。此是運法，如視打者，反害自己也。

第三十六式 單 鞭

節解

頂勁領住。兩肩鬆下。眼看左手。右肱倒纏勁，由腋外往裏纏。五指撮住，與左手相合。胸中虛含。腰勁下去，襠撐圓。（圖 49）

引蒙

推山式方將東方推走，西方又有來攻。吾即以兩手一合，向西劈去。左肱伸足，心要虛。心虛，四體皆虛。丹田、腰、足三者落實，其他全實。此謂虛而實。頂勁領住，則全體勁皆能振起。左肱合時，逆纏勁；開，用順纏

圖 49 單鞭

勁。右肱皆用逆纏。兩腿合時用倒纏，由足至大腿根，開向西。左腿順纏。右腿裏往外纏，逆行，上至腿根。足趾、腓，皆用力。

七言俚語

雙手抱頭向東推，又有敵人自西追。
回頭諸式來不及，惟用單鞭最相宜。
忽然左耳聽西方，若有人兮稱剛強。
豈知太極元氣轉，為用金鞭孰敢當。

第三十七式　前　招

節 解

頂勁領住。鬆肩，沉肘，指用力。眼看右手與左手。耳聽背後。兩肩髃、肩井、扶突皆鬆下。右肘朝上。胸向前合。腰襠勁下去。右手腕向下。左膝微屈。左手在上。右膝向前屈，足平踏。（圖 50）

引 蒙

何謂前招？眼向前看左手也。何以招？左手如有敵人，由西而來，捉吾左背，故以左手往上一領，繞一小圈，用小指掌與小胳膊，轉而背擊之。

此時須手敏、眼快，遲則受人制。在左手領時，腰、襠一齊下去。周身運轉，自覺靈活。右腿屈，左足收束，

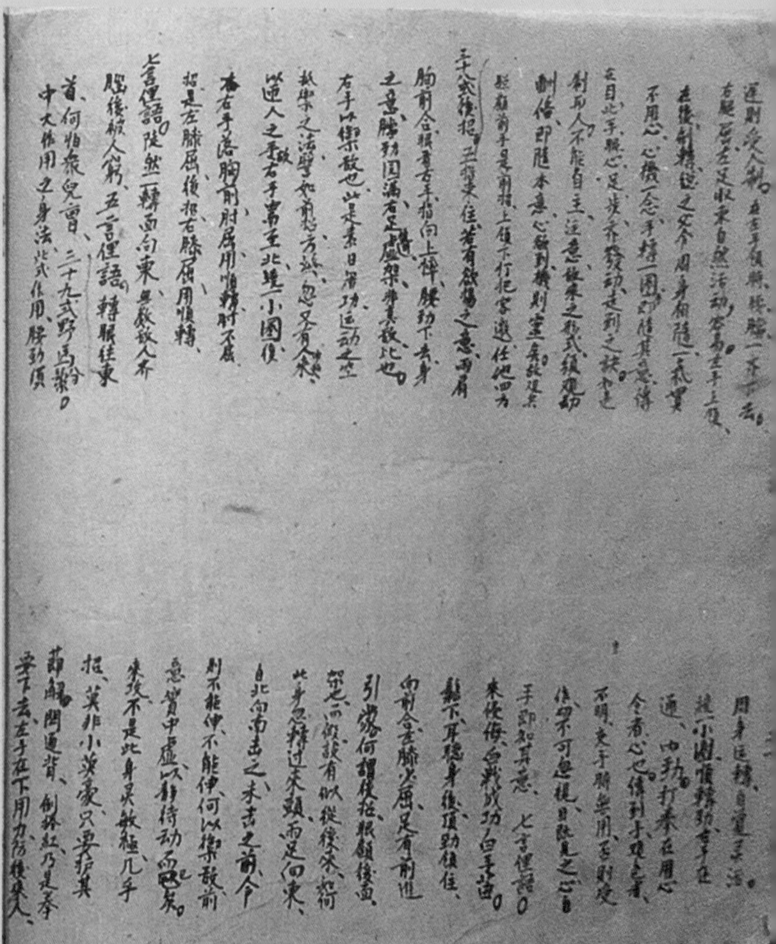

運則受人制。右手領興、採腿一齊下去。
右腿屈，左足收來自然活動，容易左手上發、
左後制精從之，又分周身相隨一氣貫
不用心，心機一念手精一圈，即隨其意傳
左目此手眼心足拔齊發動，是制之訣。如是
制取人，不能自主，注意後來之形式，須退動
制倍，即隨本意，心願對機則宜矣。按退其
採腿前手是前招，上領下行把穿邀住他四方
三十八式後招。三十八式來往著有救濟之意，兩肩
胸前合，眼看右手，指向上伸，腰勁下去，身
之意，膝勁圓滿，右足隨虛架，再其救此也。
右手以禦敵也，此是素日常功運動之空
松架之法學，如前忽方然，忽又有人來
以逆人之手，敵右手常至北邊一小圈，復
本右手落胸前，肘屈用順精，肘不底
招是左膝屈，後招右膝屈，用順精、
七言俚語：陡然一轉面向東，無敵敵人亦
腦後被人窮。五言俚語：轉眼往東
首，何怕狼兒竇。三十九式野馬分鬃。
中大作用之身法，此式作用，腰勁須

周身運轉，自覺靈活。
提一小圈，順轉勁，右手在
通，中勁打拳在用心
含香，心也。傳到手眼者、
不明，更手腳無用，否則受
作，切不可無視，目致見之，心自
手即知其意。七言俚語
來使侮，自戰成功自手當。
鬆下，耳聽身後，頂勁領住、
向前合，左膝少屈，足有前進
引勁。何謂後招，眼顧後面。
前足而微設有似從後來，若何
此身忽轉過來頭，面足向東、
自北向南去之，未去之前，今
則不能伸，不能伸，何以禦敵前
意，實中虛以靜待動而已矣。
來攻，不是此身靈敏極，几手
招，莫非小羨豪，只要拔其
節解開通背，創殊紅乃是拳
手下去，左手在下用力防後來人、

心有權衡，則周身得其宜。

圖 50　前招

自然活動容易。左手上領，繞一小圈，順轉勁。右手在後，倒轉。總之必令周身相隨，一氣貫通。

內勁

打拳在用心不用心。心機一念，手轉一圈，手即隨其意。傳令者，心也，傳到手。觀色者，在目。此手、眼、心、足、步齊發動，走到之訣。如是不明，交手時無用。否則受制於人，不能自主。注意敵來之形式，須觀動作，切不可忽視。目既見之，心自酬備，即隨本意。心欲到，機則靈矣。故觀其手即知其意。

七言俚語

照顧前手是前招，上領下打把客邀。

任他四方來侵侮，白戰成功白手苗。

第三十八式　後招

節解

五指束住，若有欲揚之意。兩肩鬆下。耳聽身後。頂勁領住。胸前合。眼看右手，指向上率。腰勁下去，身向前合。左膝稍屈，足有前進之意。襠勁圓滿。右足先進虛架，非真敵比也。（圖 51）

引蒙

何謂後招？眼顧後面，右手以禦敵也。此是素日用

圖 51　後招

功、運動之空架也。而假設有人從後來，如何抵禦之法？譬如前招，方終，忽又有人從後來。此身忽轉過來頭，兩足向東，以迎人之手。故右手由南至北繞一小圈，復自北向南擊之。未擊之前，令右手落胸前，肘屈，用順轉。肘不屈則不能伸，不能伸，何以禦敵？前招是左膝屈；後招右膝屈，用順轉。意實中虛，以靜待動而已矣。

七言俚語

陡然一轉面向東，無數敵人齊來攻。
不是此身靈敏極，幾乎腦後被人窮。

五言俚語

轉眼往東招，莫非小英豪。
只要護其首，何怕眾兒曹。

第三十九式　野馬分鬃

節 解

閃通背、倒捲紅，乃是拳中大作用之身法。此式作用，腰勁須要下去。左手在下用力，防後來人來攻。頂勁領起，則周身精神振足。眼顧要快。右手直捋用勁，左手直捋用勁。左足欲有前進之意。右膝屈，不可軟。襠愈下愈好。左手腕朝下，指頭上握。右足站穩。胸合住。右肘沉下用勁。（圖 52、圖 53）

修煉必由道德中進行難關。

圖52　野馬分鬃（一）

圖53　野馬分鬃（二）

心有權衡，則周身得其宜。

引蒙

何謂分鬃？兩手如野間之馬，鬃分兩邊，象形也。此式是大鋪身法，前進脫身之法。頂勁領住，兩膝屈，襠勁虛圓。左手自然由上往外、向裏、往下順轉擋之，右手亦由下而上順轉一大圈。兩足順轉，隨手前進。

大側身，更迭前進，連引帶擊。落時右手在前，與眼平，左手落胸前。

七言俚語

其一

兩手握地轉如飛，中間一線貫無奇。
任他千軍圍無罅，左右連環破敵欺。

其二

一身獨入萬人中，將以何法禦英雄，
惟有飛風披左右，庶幾可以建奇功。

第四十式　玉女攢梭

此式順轉平縱法，青龍出水是直進平縱法，二起是躍法。攢梭第一步，右手領右足前進一步，右手順轉。左肘與手平，在胸前。頂勁領住。兩肩鬆開，身往前貪。左手足爭向前進，意右足初步前進，手繞一大圈，成式。此乃是分鬃末一式。

左足在後，右足在前，大轉身法上前，右手在下趁其

修煉必由道德中進行難關。

來也，頂勁領起，則周身精神振足，眼顧
勁，右足欲有前進之意，右膝屈，不可軟，
提右足，站穩，胸合住，右肘沉，下用勁，
鬆分而迴，象形也。此是大鋪身法，
屈膝，勁虛圓，左手自襠中上往外，向裏
纏轉一大圈，右足順轉，隨才前進，大側身，
手左手落胸前，七言俚語。兩手纏絕精
任他千軍圍無懈，左右連環破敵戰
將以何法禦衆英雄，惟有飛鳳翻左
四十式玉女穿梭，此式順轉平縱法，
二起是躍法，攢梭第一步，右手領右
在胸前，頂勁領住，兩肩鬆開，身往
右足初步前進，手纏一大圈成式，此乃
左前，大轉身法，上前，右手在下，於其式，
下握上，沿路斜形飛向東方，指如鋼推全
右足進第一步，用側纏勁，縱進，步上
五步，接鉤手一圈，穿其遠，尤妙，右足
好胳要撐圓，身隨右手如驚鳥即
左足進步之式，此其三步之第一步，如此式
一圈轉過破竹不難矣。此是第二步，
要快，右手直衝用勁，左手直衝用
膽愈下愈好，左手腕朝下，指頭上
引蒙。何謂分鬃，兩手如野馬之鬃，
前進脫身之法，頂勁領住，兩膝
往下順轉，當之，右手亦由下而上
更迭前進，連環，將右手在前，於躬
如飛，中間一線貫串奇，
其六二一身獨入萬人中，
左，應几何以運奇功。
青龍出水是直進平縱法，
足前進一步，右手順轉，左手平
前貪，左手足爭向前進意，
是分鬃末一式，左足在後，右足
不容停待，即以右手用纏絲勁，
賴右足引進，左手足緊隨，
式大鋪身法，盡力向東一連三
先跳第一步之式，猶在頂勁復
飛，莫能遇，卻教落後，起以致
不得式，設式機關全在此時，此處
左足進來，已轉半圈而轉向東，

心有權衡，則周身得其宜。

式，不容停待，即以右手用纏絲勁，由下握上，沿路斜形飛向東去。指如鋼錐，全賴右足引進，左手足緊隨。右足進第一步，用倒纏勁跟進，就上式大鋪身法，盡力向東一連三步，才夠一圈。躦其遠，丈許。

右足先踐第一步之式，猶在頂勁領好，襠要撐圓。身隨右手，如鷙鳥即飛，莫能遏抑。步落疾起，以啟左足進步之式。此其三步之第一步。下兩步得式不得式，設式機關全在此時。此處一圈轉過，破竹不難矣。此是第二步。

左足進步，已轉半圈，面轉向北，圈其一半矣。右足連進不停，似停不停，喚起下式來脈。停式時本與攬紮衣大同小異，其實不相同。兩足前進，各不停留，愈快愈好。（圖 54）

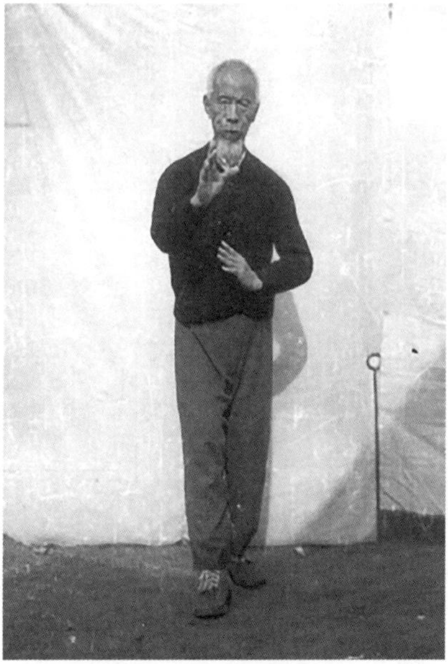

圖 54　玉女躦梭

修煉必由道德中進行難關。

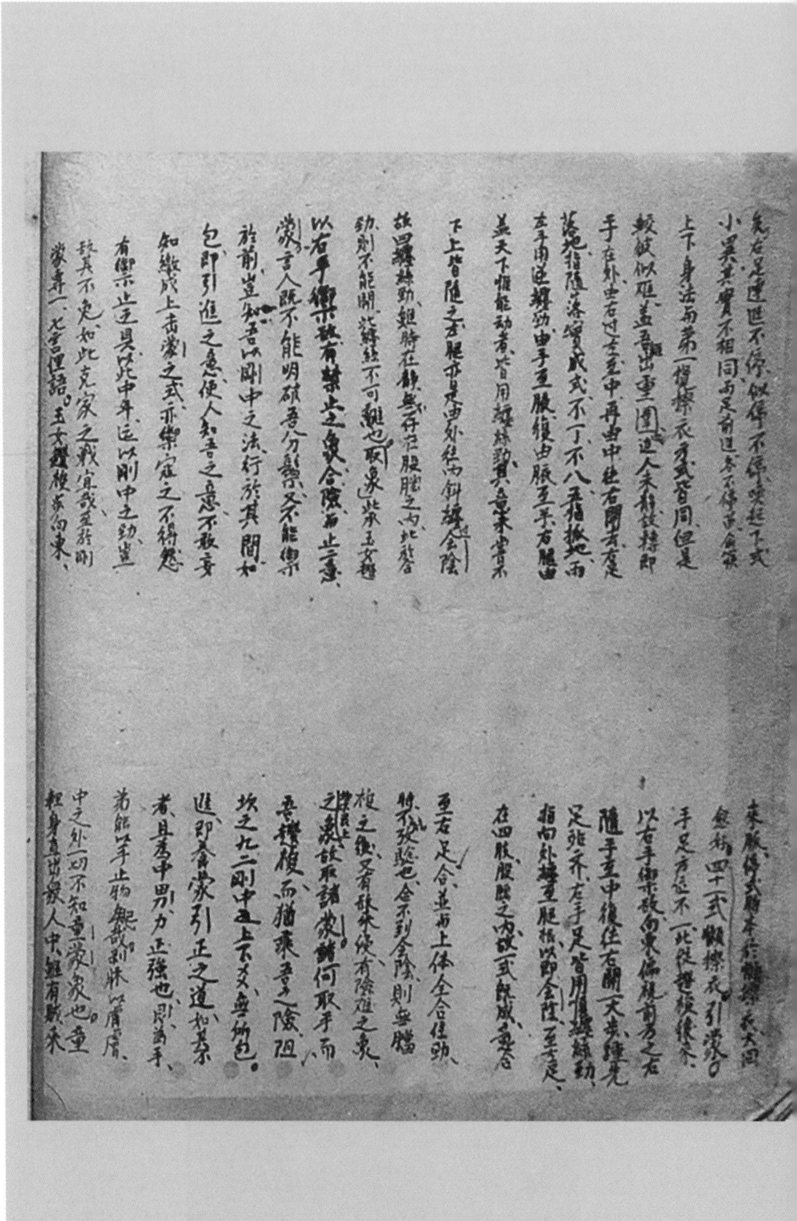
氣右足連進不停，似停不停，欲起下式
小異，其實不相同，而足前進，皆不停者，金剛
上下身法，而第一攬擦衣，方式皆同，但是
較此似短，蓋吾出重圈，進人未能發時，即
手在外，由右過左，至中再由中往右開，右足
落地，指隨落實，成式不丁不八，手指撚地，而
左手由逆纏勁，由手至腋，復由腋至手，右腿由
蓋天下惟能動者，皆用纏絲勁，其意未嘗不
下上皆隨之，右腿亦是由外往內斜纏，至會陰
故四體纏絲勁，雖時在靜，無不存於肢體之內，此蓋
勁，則不能開，故纏絲不可離也，取象，此承玉女穿梭
象言，人既不能明破吾分際，又不能禦
以右手禦，然有禁止之象，合陰而止之意，
於前，豈知吾以剛中之法，行於其間，如
包，即引進之意，使人知吾之意，不敢妄
知纔成上步，象之式，亦禦寇之不得然
有禦禁止，豈是以此中年，以剛中之勁，豈
致其不免，如此克家之戰，宜哉，並於剛
象卦一，七言俚語。玉女纏後步向東，
來勝，仍式前本式攬擦衣大回
象，第四十式攬擦衣，引蒙卦
手足方位不一，此段是接後六
以右手禦來，敵向東偏，視前方之右
隨手至中，復往右開，大步踵先
足跟齊，右手足皆用順纏絲勁，
指向外，纏至腿根，以即會陰，至右足，
在四肢股肱之內，故式既成，無不合
至右足合，並而上體全合住勁，
時，不然至此也，會不到會陰，則無膽
柁之後，又有發妹後有陰阻之象，
之象，故取諸蒙卦，何取乎而
吾纏複而猶乘吾之陰阻
坎之九二，剛中五上下，又無所包。
進，即養蒙引正之道，如其不
者，且為中男，力正強也，則為手，
茍能以手止物，豈敢剛妹以膚，
中之外，一切不知，童蒙象也。童
輕身直出眾人中，雖有驍悍

心有權衡，則周身得其宜。

第四十一式　攬紥衣

引蒙

上下身法與第一攬紥衣方式皆同，但是手足方位不一。此從攢梭後來，較彼似難。蓋吾雖出重圍，四邊人未靜，故轉即以右手禦敵，向東偏視前方之右手在外，由右過左至中，再由中往右開去。右足隨手至中，復往右開一大步，踵先落地，趾隨落實，成式，不丁不八，五趾抓地，兩足站齊。右手足皆用順纏勁。左手用逆纏勁，由手至腋，復由腋至手。右腿由趾向外纏至腿根，以即會陰，至左足。蓋天下惟能動者，皆用纏絲勁。其意未嘗不在四肢、股肱之內。故一式既成，意合上下皆隨之。

左腿亦是由外往內斜纏，過會陰，至右足合，並與上體全合住勁。故曰纏絲勁。雖時在靜，無不存在股肱之內。此於合時，不能考驗也。合不到會陰則無，襠勁則不能開，此纏絲不可離也。（圖 55）

取象

此承玉女攢梭之後，又有敵來侵，有險難之象；以右手禦敵，有禁止之象。合險與止二意，坎下艮上之象，故取諸蒙。何取手而蒙？言人既不能明破吾分鬃，又不能禦吾攢梭，而猶乘吾之險，阻於前，豈知吾以剛中之法行於其間。

如坎之九二，剛中之上下爻，無所包。包，即引進之

圖 55　攬紮衣

意，使人知吾之意，不敢妄進，即養蒙引正之道。如其不知，繳成上擊蒙之式，亦禦寇之不得然者。且為中男，力正強也。艮為手，有禦止之具。以此中年，運以剛中之勁，豈弟能以手止物已矣哉？剝床以膚，敵其不免，如此克家之戰宜哉。至於剛中之外一切，不知童蒙象也。童蒙專一。

七言俚語

其一

玉女躦梭步向東，輕身直出眾人中。

雖有賊（人）來相犯，中氣一擊拌雌雄。

其二

破圍全在攬紮衣，屢分疏合識者稀。

即擒即縱纏絲勁，須經此內會天機。

第四十二式　單　鞭

節解

圖 56。

引蒙

身步二法與第一式皆同。茲則又以回其母，乃人之一身，惟有左右手用之最便。肩、背、肘，敵依身者用之，足與腿所不及者用之。惟兩手前遮、後圍、左拒、右擋，指揮無不如意，用之最便，故見使用居多。且之由前來者，偏於左右正中心，以即上下皆用兩手迎之。或一齊並用，或來回更迭，似為少易，獨於敵在左右，或一齊來，皆用單鞭破之。或右來右迎，左來左接擊之。拳中惟有此

圖 56　單鞭

修煉必由道德中進行難關。

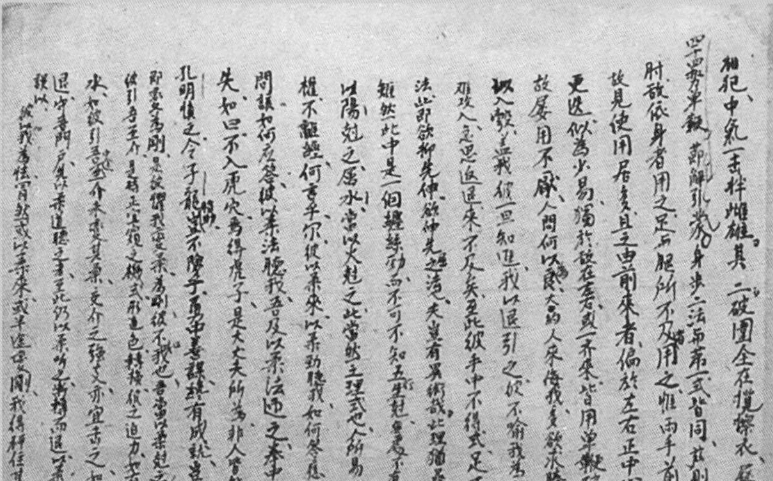

心有權衡，則周身得其宜。

最良，故屢用不厭。

人問：「何以為良？」大約人來侮我，多欲求勝，猛烈居多，知進而不知退，此時已入彀中矣。問：「何以入彀（中）？」蓋彼一旦知進，我以退引之，彼不喻我為引法，正欲使之前進。吾以埋伏計，待人智力用盡，知難攻入，急思返退來不及矣。至此，彼手中不得式，足下無力，故吾不擊則如擊之。一回轉，即可反守為攻之法。此即欲抑先伸，欲伸先屈之法也。夫豈有異術哉？此理猶尋常人皆知之，臨事而忘之耳。

故然功夫要得熟成，雖然此中是一個纏絲勁，而不可不知五行生剋無處不有、無時不生。然如兩人交手，人以柔來屬陰，陰來當以陽剋之。屬水，當以火剋之。此當然之理式也。

人所易知者，獨自於拳則不然。運用全是經中寓權，權不離經。何言乎爾？彼以柔來，以柔勁聽我，如何答應？而後乘機擊我。吾若以剛迎之，則中其謀，愚莫甚也。問該如何應答。彼以柔法聽我，吾即以柔法迎之。拳中有介，彼引我進。吾進只到吾界，不可再進，進則必失。如曰「不入虎穴，焉得虎子」，是大丈夫所為，非人皆能之。縱有勇敢之士，亦是設險，非善策哉。

漢升有勇，孔明慎之，令子龍暗助，豈不險乎？勇中善謀，才有成就，豈可持勇大意、自滿？非丈夫也，勇夫也！彼引我進，未出界即變為剛，是彼懼我變柔為剛，彼不如我也。吾當以柔克之。半途之中，生此變態，我仍然以柔引之，使落空者擊之。為彼引吾至界，是時正宜窺之

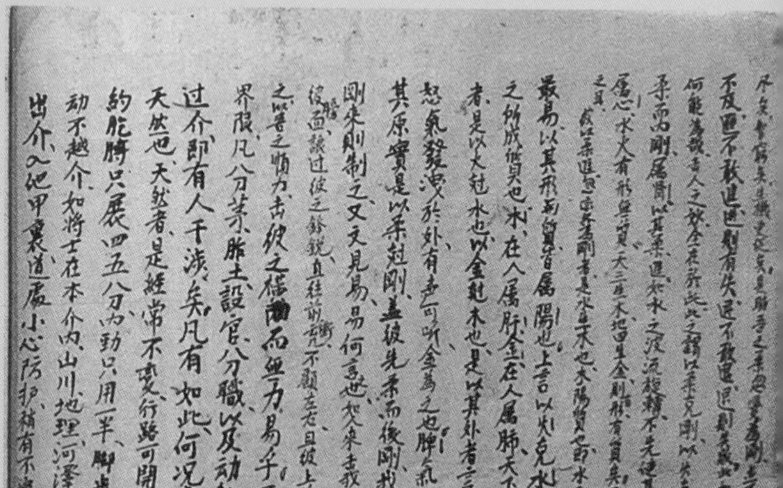

心有權衡，則周身得其宜。

機式、形色，轉換彼之迫力，如有機可乘，吾即以柔變剛擊之，此之謂以剛克柔，以火剋水。如彼引吾中途至界，未變其柔，交界之強支，亦宜擊之。如無隙可乘，柔勁如故，是勁敵也。

真對手不可久持，吾可退守吾門戶。先以柔道聽之者，至此仍以柔聽之，漸轉而退，以柔引之，使進。彼若不進，是智者也。彼如以吾引之而遽進，誤以彼以我為怯，貿然或以柔來，或半途變剛，我得秤住其手，徐徐引之使進，且令其不得不進，進至不得勢之時，彼之力盡矣，智窮矣，生機更促矣。是時吾之柔忽變為剛，並不費力，一轉克之矣。是時彼豈不知孤單？深入難以取勝，然悔之不及。進不敢進，進則有失；退不敢退，退則失敗。此如士卒疲乏，輜重皆空，束手無策，降服而已矣，有何能為哉？擊人之妙，全在於此。此之謂以柔克剛，以火剋水，仍是五行生剋之道也。

天一生水，水外陰而內陽，外柔而內剛，屬腎。以其柔，進如水之波流旋轉，不先使其力，用其智也。地二生火，火外陽而內陰，火外剛而內柔，在人屬心。水火有形無質。天三生木，地四生金，則有形有質矣。天五生土，水火勢均者，不相下言，以火剋水者，以火之多於水者言之耳。彼以柔進，忽變為剛者，是水生木也。木陽質也，即水之陽性，因滋以成質者也。水與木本自一串，故柔變剛，所以成最易。以其形與質，皆屬陽也。上言以火剋水，蓋以火生土，土能生金。火外明而內暗，陰性也，金之所成質也。木，在人屬肝。金，在人屬肺。天下能剋木

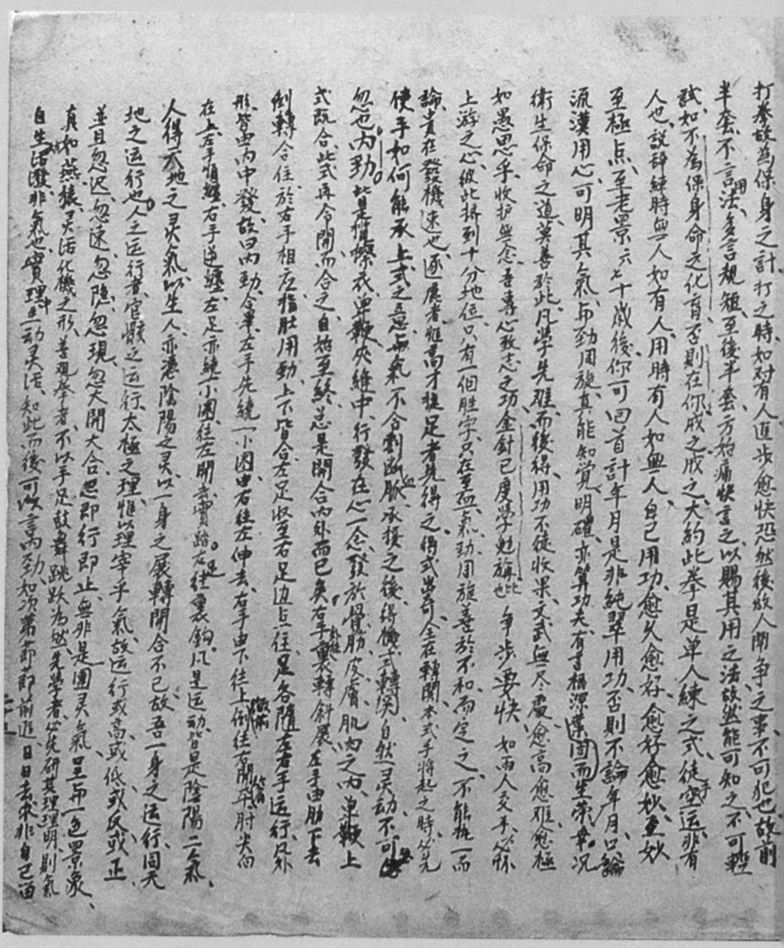

打拳故為保身之計、打之時、如对有人直步愈快、恐然後放人鬧争之事、不可犯也、故前
半套不言用法、多言規矩、至後半套、方始痛快言之、以賜其用之法、故然能可知之、不可輕
試、如不為保身命之化育、否則在你成之成之、大約此拳是单人練之式、徒手空运、非有
人也、設再練時無人如有人、用時有人如無人、自己用功、愈久愈好、愈好愈妙、盡妙
至極点、至老景六七十歲後、你可回首計年月、是非純習用功、否則不論年月、只論
流漢用心、可明其氣、亦勁周旋、真能知覺明確、亦算功夫、有寸積深固而生、常況
衛生保命之道、莫善於此、凡学先难而後得、用功不徒收果、文武無尽、處愈高愈难愈極
如愚思乎、收护無念、专壽心致志之功、金針已度、学勉旃也 争步要快、如兩人交手、必
上游之心、彼此挤到十分地位、只有一個胜字、只在寸無亦氣、勁周旋善於不和而定之、不能推一而
論、貴在發機速也、遲慶者雖高才捷足者、見得之、得式出奇、全在轉関、本式手將起之時、必先
使手如何能承上式之意、亦氣不合、劃斷脈、承接之後、得機式轉關、自然灵动、不可
忽也、内勁。此是纏絲衣、单鞭夾雖中、行發在心一念、發於骨筋皮膚、肌肉之內、单鞭上
式既合、此式再令開而合之、自始至終、总是開合内外而已矣、右手繁表轉斜展、左手由肋下去
倒轉合往於右手相應、指肚用動、上不背合左足、收至右足边上往、是各隨左右手运行、凡外
形皆由内中發、故曰内動、今单左手先繞一小圈、由右往左伸去、右手由下往上、倒往右開、肘尖向
在上左手順纏、右手逆纏、左足亦纏一小圈、往左開、右實踏、右足往裏鉤、凡是运动、皆是陰陽二氣
人得天地之灵氣以生、人亦禀陰陽之灵、以一身之展轉開合不已、故吾一身之运行、同天
地之运行也、人之运行者、宦澈之运行、太極之理、惟以理宰手氣、故运行或高或低、或反或正
並且忽迟、忽速、忽隐、忽現、忽天開大合、思即行即止、無非是圓灵氣、呈亦一色景象
真如燕猿、灵活化機之形、善觀拳者、不以手足鼓舞跳跃為然、先学者、必先研其理、理明、則氣
自生、活潑、非氣也、實理中生、一動灵活、知此而後可以言内勁、如次第節節前進、日日去來、非自己面

心有權衡，則周身得其宜。

者，惟金與火，皆陰類也。

所言以剛克柔者，是以火剋水也，以金剋木也，是以其外者言之。火性激烈，金質堅硬，心火一起，脾氣動也，怒氣發洩於外，有聲可聽，金為之也。脾氣動，則肝與腎無不於之俱動。雖曰以剛克柔，其原實是以柔克剛。蓋彼先柔而後剛，我是柔遇剛，內文明而外柔順，故而克之。若彼先以剛來，則制之又文見易，易何言之也？如人來擊我，其勢甚猛。吾則不與硬抵，將肱與身一順，卸下一步，手落彼膀面，讓過彼之鋒銳。直往前衝，不顧左右，且彼上前之氣力陡然轉之，慎不容易。吾則從旁擊之，以吾之順力擊彼之橫而無力，易乎？不易。吾故曰：克剛易，克柔者難。

何謂界限？凡分茅胙土、設官分職，以及動靜語默，各有界限。一逾一失言，即過界。及過界，即有人干涉矣。凡有如此，何況拳乎？如人之行一步，盡可開二尺半，此勉強，非天然也。

天然者，是經常不變，行路可開大約尺二三寸，手可與足趾齊，即是界限。大約胳膊只展四五分，內勁只用一半，腳步只尺餘。此則周身循環，周轉無不如意。蓋動不越界，如將士在本界內，山川、地理、河澤、風俗，一一皆知，故進退攻守，綽然有地。一出界，入他甲裏，到處小心防護，稍有不密，即萌失敗之機。此君子思不出其位之謂也（與今合否）。

打拳故為保身之計。打之時，如對有人，進步愈快，恐然後啟人鬥爭之事，不可犯也。故前半套，不言用法，凡外形，皆由內中發，故曰內勁。

合畢，左手先繞一小圈，由右往左伸去。右手由下往上微前倒，往右開與肩平，肘尖向上。左手順纏，右手逆纏。左足亦繞一小圈，往左開去，實踏，右足往裏鉤。凡是運動，皆是陰陽二氣。人得天地之靈氣以生，人亦憑陰陽之靈，以一身之輾轉開合不已。故吾一身之運行，同天地之運行也。人之運行者，官骸之運行。

太極之理，惟以理宰乎氣，故運行或高、或低，或反、或正，並且忽遲、忽速，忽隱、忽現，忽大開大合，忽即行即止，無非是團靈氣，呈與一色景象，真如燕猿靈活化機之形。善觀拳者，不以手足鼓舞跳躍為然。

先學者，必先研其理。理明，則氣自生動活潑，非氣也，實理中生動靈活。知此而後可以言內勁。如次第節節前進，日日去求，非自己留意誠心不可得也。由內發出者，為內勁，非力也。此論猶淺者也。此拳不能打人？非也！只是功夫不到。若是功夫純熟，由其大無外之圈造至小無內之圈之境地。不粘則已，如粘身，無不如飛而去，如疾雷、烈風，摧枝折朽，熟純方可取也。

此式先合者言之，不知者但謂單鞭設式，而不知非焉。如又有人由右來，肩肘往下將手倒轉上去繞一圈，向前斜插擊之。此謂制肘者，以肘擊之。制肩者，以肩擊之。制手者，將由後一翻轉一小圈，以手背打之。及擊之後又來犯左面，即以左手合之後，隨式向左禦之。此即是左右手皆有打人之法。

先合者，以合打之。後開者，以開打之。凡手足無有

心有權衡，則周身得其宜。

多言規矩。至後半套，方始痛快言之，以賜其用之法，故然能可知之，不可輕試。如不為保生命之化育，否則在你戒之，戒之。

大約此拳是單人練之式，徒手空運，非有人也。說辭「練時無人如有人，用時有人如無人」。自己用功，愈久愈好，愈好愈妙，妙至極點，至老景六七十歲後，你可回首，計年月是非純粹用功。否則不論年月，只論流汗用心，可明其氣與勁周旋，真能知覺明確，亦算功夫。有言「根深固而葉生榮」。幸況衛生保命之道，莫善於此。凡學，先難而後得，用功不徒收果。文武無盡處，愈高愈難愈極，如愚思乎？收護無念，吾專心致志之功，金針已度學勉旃（**比也**）。

爭步要快，如兩人交手，必懷上游之心。彼此擠到十分地位，只有一個「勝」字，只在至血、氣、勁周旋，善於不和而定之，不能執一而論，貴在發機速也。逐鹿者，惟高才捷足者先得之。得式出奇，全在轉關。本式手將起之時，必先使手如何能承上式之意，與氣不合，割斷血脈。承接之後，得機式轉關，自然靈動，不可忽也。

內勁

此是攬紮衣。單鞭夾縫中行，發在心一念。發於骨、筋、皮膚、肌肉之內。單鞭上式既合，此式再令開而合之。自始至終，總是開合內外而已矣。右手外往裏轉，斜展，左手由肋下去，倒轉合住，與右手相應，指肚用勁。上下皆合。左足收至右足邊，點住，足各隨左右手運行。

修煉必由道德中進行難關。

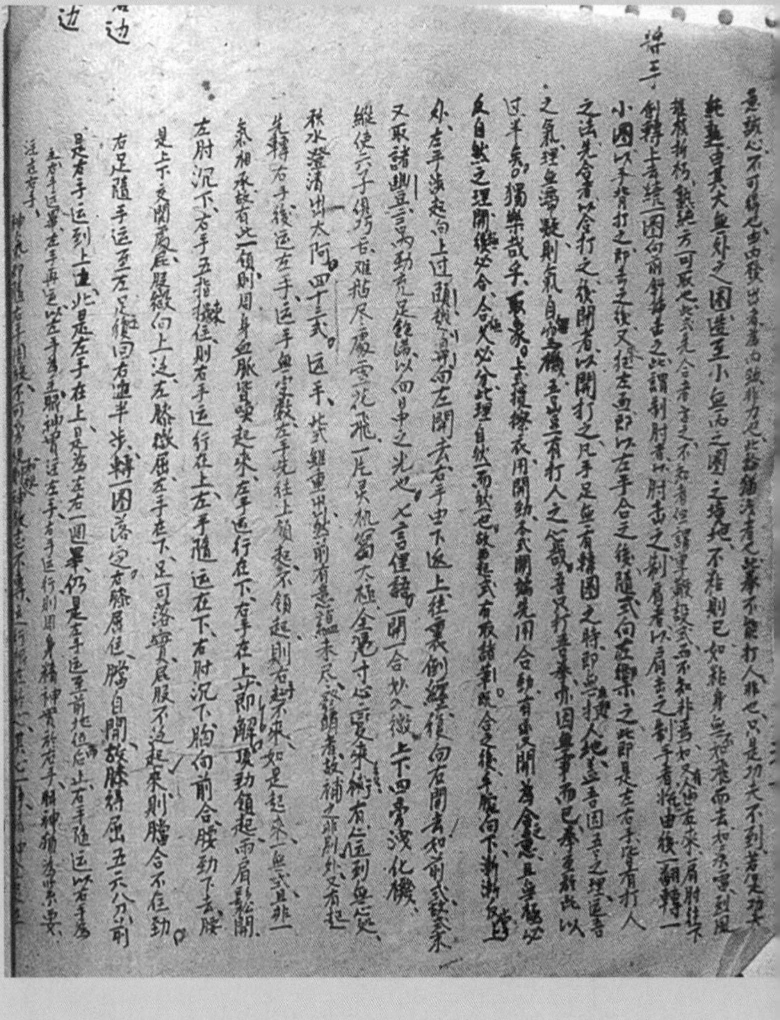

心有權衡，則周身得其宜。

轉圈之時，即無在非打人地。蓋吾因吾之理，運吾之氣。理無滯凝，則氣自無空機。吾豈有打人之心哉？吾只打吾拳，亦因無事而已。拳至於此，已過半矣，獨樂哉乎？

取象

上式攬紮衣，用開勁。本式開端先用合勁，有變開為合之意，且物極必反，自然之理。開極後必合，合極久必分，此理自然而然也。故與起式有取諸革。既合之後，手腕向下，漸漸反掌上外。左手涉起，向上過頤越鼻，向左開去。右手由下返上，往裏倒纏，復向右開去，如前式。故式末又取諸豐，言內勁充足飽滿，以向日中之光也。

七言俚語

一開一合妙入微，上下四旁洩化機。
縱使六子俱巧舌，難描盡處雪花飛。
一片靈機寫太極，全憑寸心變來多。
有心運到無心處，秋水澄清出太阿。

第四十三式　運　手

此式雖重出，然前有意蘊未盡，發萌者，故補之非別外。又有起先轉右手，後運左手。運手無定數。左手先往上領起，不領起，則右手起不來。如是起來，一無式，且非一氣相承。故有此一領，則周身血脈皆喚起來。左手運行在下，右手在上。

節解

頂勁領起。兩肩鬆開，左肘沉下。右手五指束住，則右手運行在上，左手隨運在下。右肘沉下。胸向前合。腰勁下去，腰是上下交關處。屁股微向上泛。左膝微屈。左手在下。足可落實。屁股不泛起來，則襠合不住勁。右足隨手運至左足下，復回右邊半步，轉一圈落定。右膝屈住，襠自開，故膝得屈五六分。

前是右手運到上邊，此是左手在上，是為左右一周畢，仍是左手運至前地位而後止。右手隨運，以右手為主。右手運畢，左手再運，以左手為主，眼神貫注左手。右手運行，則周身精神貫於右手。眼神尤為緊要，注在右手。神氣即隨右手周旋，不可旁視。如視則神散志不專。運行根在於心，其心一靜，精神全聚在眼目。眼為傳心之官，故眼不旁視，心不二用。（圖 57、圖 58）

引蒙

問：運手由何處起端？曰：以左手指起，運以右手為先。左手既領動，右手則與肱平者，由上往下順轉至膝外，上行，由臍過心口，經鼻，越右額與肩，往右轉至原位，是為一圈。肘沉下，壓肩，右足隨手亦是順轉。手到膝外，（右）足起隨至左足邊，復向右開去半步落下，是謂開步。無意中上行之際，則左手由下上行，亦是順轉。右手運至原位，則左手下行至膝矣。待右手運至膝外時，則左手與右手一齊運。左手由膝往上，過臍，經心口、

圖 57　右運手

圖 58　左運手

鼻、左額，往左轉至原初起地位，是一圈。

左足行往右足邊，復向左開去一步，用順轉。手轉至原位，則左右各至一周畢。機不停留，兩手終而復始，更迭運去，循環不已。如日月之代明，運行之主宰。何也？曰：主宰全在於心，心欲更迭而行，兩手足皆隨其意。心由內發，千變萬化，外形即誠其式也。不然多生痹累，官骸不得從乎心也。

問：打拳關鍵在何處？曰：在百會穴下，自腦後大椎，通長強，其動處在任督二脈。其勁在何處？曰：在眸子。心一動，眸即傳令，（莫之）或爽。或曰，拳之大概，皆聞命矣，而要拳不出神情，何也？曰：此在素日去其欲速之心。如孟子所言，必有事也，而無正心，何能無忘？無助長也。臨場先去輕浮、慌張之氣，清心寡慾，

修煉必由道德中進行難關。

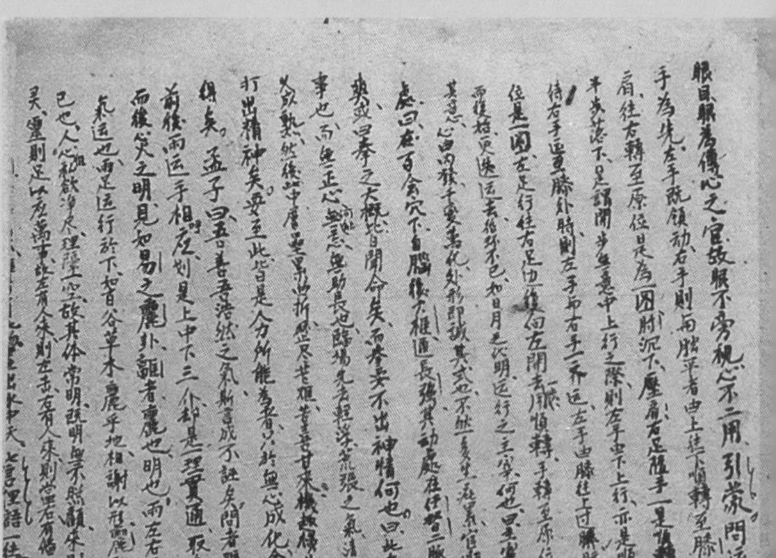

心有權衡，則周身得其宜。

平心靜氣，著著循規蹈矩，積久成熟。然後此中層壘累曲折，歷盡苦難，苦盡甘來，機趣橫生，浡浡不可遏。心中有情有景，自然打出精神矣。要至此，皆是人力所能為者。只於無心成化，全在心之涵養，日久優游以得，其志自得矣。孟子曰：「吾善（養）吾浩然之氣。」斯言誠不誣矣。問者唯唯而退。吾因援筆而記之也。中運手與前後兩運手相呼應，劃是上中下三界，卻是一理貫通。

取象

人心屬火，火無長行，附於手足之運行，而後心火之明，見如《易》之麗卦。離者，麗也，明也。左右兩手運行如日月之麗乎？天相代而明，以氣運也。兩足運行於下，如百谷草木麗乎？地相謝以形，麗形重明，以麗乎正，上下手足，中道而運轉不已也。

人心惟私慾淨盡，理障一空，故其體常明。既明無不照顧，來則照顧左右，人不能欺。明則靈，靈則足以應萬事。故左有人來，則左擊；右有人來，則擋右。有備無患，象乎離，故取諸離，中運手。

五言俚語

兩手運中間，左右如循環。
雖借有此物，畫出水中天。

七言俚語

一往一來運一周，上下氣機不停流。

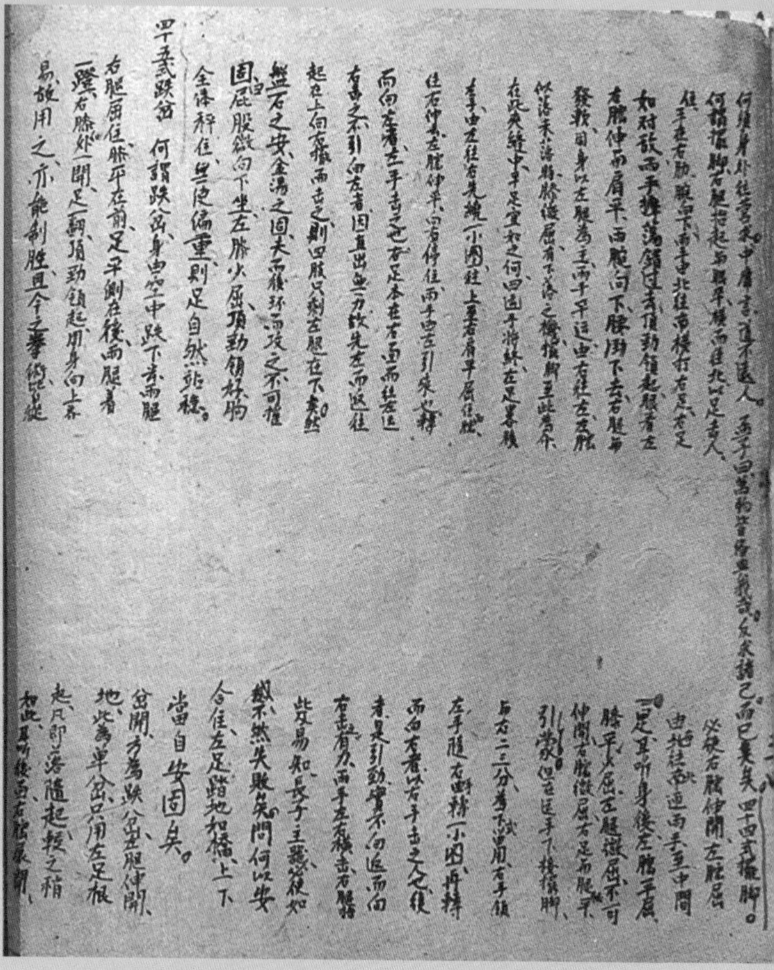

心有權衡，則周身得其宜。

只有太極皆如此，何須身外往營求。

《中庸》言：「道不遠人。」孟子曰：「萬物皆備於我矣。」「反求諸己而已矣。」

第四十四式　擺　腳

節解

何謂擺腳？右腿抬起與眼平，橫而往北，以足擊人。必使右肱伸開，左肱屈住。手在右肋，腕向下。兩手由北往南橫打右足，右足由南往北迎兩手。至中間如對敵，兩手摩盪錯過去。頂勁領起。眼看左足。耳聽身後。左肱平屈，右肱伸與肩平。兩腕向下。腰勁下去。右腿與膝平，稍屈。左腿微屈，不可發軟，周身以左腿為主。兩手平運，由右往左，左肱伸開，右肱微屈。右足與腿根平，似落未落時，膝微屈，有下落之機。擺腳至此為界。（圖 59）

引蒙

但在運手下接擺腳，在此夾縫中，平足宜如之何？曰：運手將終，左足略移於右二三分，為下式留用。右手領左手，由左往右先繞一小圈，往上至右肩平，屈住兩肱。左手隨右手轉一小圈，再轉往右伸去。左肱伸平，向右停住。兩手由左引來也，轉而向右者，以右手擊之也。復而向左者，左手擊之也。右足本在右面而往左運者，是引勁。實不向返而向右擊之。不引向左者，因直出無力，故先左

修煉必由道德中進行難關。

圖 59　擺腳

而返往右擊之，有力。兩手左右橫擊，右腿抬起在上，向右擺而擊之，則四肢只剩左腿在下矣。然此及易知，長子主器，必使如磐石之安，金湯之固，夫而後環而攻之，不可搖撼，不然失敗矣。

問：何以安固？曰：屈股微向下坐，左膝稍屈，頂勁領好，胸合住，左足踏地如橋，上下全體秤住，無使偏重，則足自然站穩，當自安固矣。

第四十五式　跌 岔

節 解

何謂跌岔？身由空中跌下去，兩腿岔開，方為跌岔。

左腿伸開，右腿屈住，膝平在前，足平側在後，兩腿著地，此為單岔。只用左足跟一蹬，右膝向外一開，足一翻，頂勁領起，周身向上齊起。凡即落隨起，較之稍易，故用之，亦能制勝。且今之拳術，皆從如此。耳聽後面，右肱展開，手欲有上前之意。頂勁不可不領。眼看左手。左足、左手等右足下去，同左腿一齊展開，以次前進。左腿平落地，展足，足用力蹬臁骨，膝不屈。周身腰領住氣。胸往前合住。襠實中虛。（圖 60）

引蒙

跌岔與二起回顧相應。二起由下躍至半空，此式由半空降下，兩腿著地。天然照應，不假牽合。此古人造拳法律，文惟嚴如此。當擺腳畢，屈右肱，左肱伸，順腿前

圖 60　跌岔

修煉必由道德中進行難關。

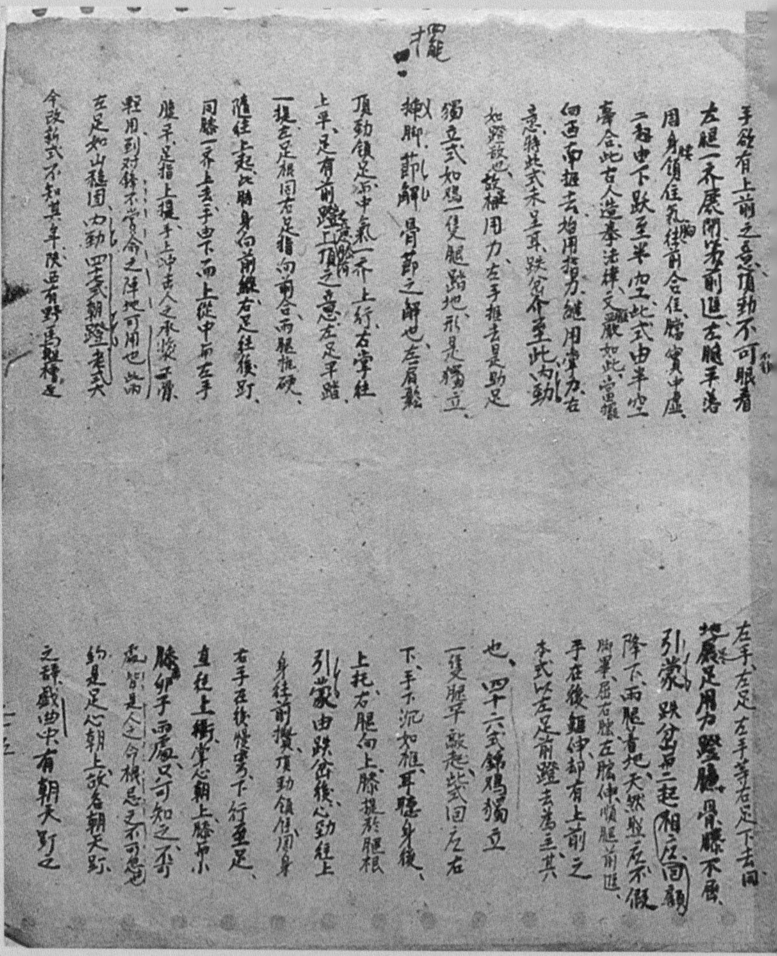
擺

手啟有上前之意、頂勁不可眼看
左腿一齊展開、朝前進、左腿平落
周身領住氣、往前合住、襠實中虛、
二勢由下跌至半空、此式由半空
齊合、此古人造拳法律、又嚴如此、當嚴
四面平推去、始用截力、繼用掌力、右
意、將此式未呈耳、跌岔合至此內勁
如蹚蹚也、故樁用力、左手推去是助足
獨立式如鷄一隻腿踏地、形是獨立、
擦腳、節節、骨節之解也、左肩鬆
頂勁領足、下中氣一齊上行、右掌往
上平、足有前蹬上頂之意、左足平踏
一提、左足根同右足指向前合、兩腿挺硬、
隨往上起、此時身向前縱、右足往後踢、
同時一齊上去、手由下而上從中而左手
腿平、足指上提、手上沖去人之承漿、
輕用到對鋒不當命之陣地可用也、此兩
左足如山穩固、內勁、四十二式朝蹬、老式
今改新式、不知其年、陝西有野馬躍槽、足

左手、左足、右手等右足、下去同
地、震足用力蹬腿、骨節不屈、
引蒙、跌岔、二起、相反、回顧
降下、兩腿著地、天然盤屈、不假
腳畢、屈右膝、左膝伸、順腿前進、
手在後舖伸、却有上前之
本式以左足前蹬去為主、其
也、四十六式錦鷄獨立
一隻腿平敲起、此式回左右
下、手下沉如植、耳聽身後、
上托、右腿向上、膝提於腿根
引蒙由跌岔後、心勁往上
身往前撲、頂勁領住周身
右手在後慢慢下行至足、
直往上衝、掌心朝上、膝前小
腰、卯手兩膚又可知之、不奇
處、智是人之命根、忌之不可忽也
約是足心朝上、故名朝天蹬
之辞、戲曲中有朝天蹬之

心有權衡，則周身得其宜。

進，向西南推去，始用指力，繼用掌力。右手在後雖伸，卻有上前之意，特此式未呈耳。跌岔界至此。

內勁

本式以左足前蹬去為主，其如蹬敵也。故足跟用力，左手推去是助足也。

第四十六式　錦雞獨立

獨立式，如雞一隻腿踏地，形是獨立，一隻腿平翹起。此式回應右擺腳。

節解

骨節之解也。左肩鬆下，手下沉如椎。耳聽身後。頂勁領足，與中氣一齊上行。右掌往上托。右腿向上，膝提與腿根上平，足有前蹬之意，膝有上頂之意。左足平踏。（圖61）

引蒙

由跌岔後，心勁往上一提，左足跟同右足趾向前合。兩腿執硬，身往前攢。頂勁領住，周身隨往上起。此時身向前縱，右足往後蹬。右手在後慢彎，下行至足，同（右）膝一齊上去。手由下而上，從中與左手直往上衝，掌心朝上。（右）膝與小腹平，足趾上提。（右）手上衝擊人之承漿下骨，膝擊卵子兩處。只可知之，不可輕用。

圖 61　錦雞獨立

到對鋒不賞命之陣地可用也。此兩處皆是人之命根，忌之，不可忽也。左足如山穩固。

內 勁

（無正文）

第四十七式　朝天蹬

老式大約是足心朝上，故名朝天蹬。今改新式不知其年。陜西有「野馬盤槽」之辭，戲曲中有朝天蹬之一式，其用不雅，故前人改之。用法不可執一而定之，都是各有其能。掌心向上，如獨立式同樣。如今朝天蹬，象形也。

節解

人之一身，以腰為中界。右手與膝氣往下行，左手肱、膝氣向上升，中以腰為分界。頂勁領起。左手心向上。含胸。膝往上頂。耳聽身後。右肩鬆下，手下垂。膝微屈，足平踏如弓形。周身力全在右腿，載之身，故不可軟。（圖 62）

引蒙

右掌頂畢，勁由指運至手背，過右肩臂，直行至足踵、湧泉、大敦、隱白，氣方行一周。此是勁行也，運法是心中運用之意也。自於右手大指過肩下行，由肘過肱至手，右指如錐下紮。右足落下，指向西北，踵先落，去右

圖 62　朝天蹬

式用不一而為之。

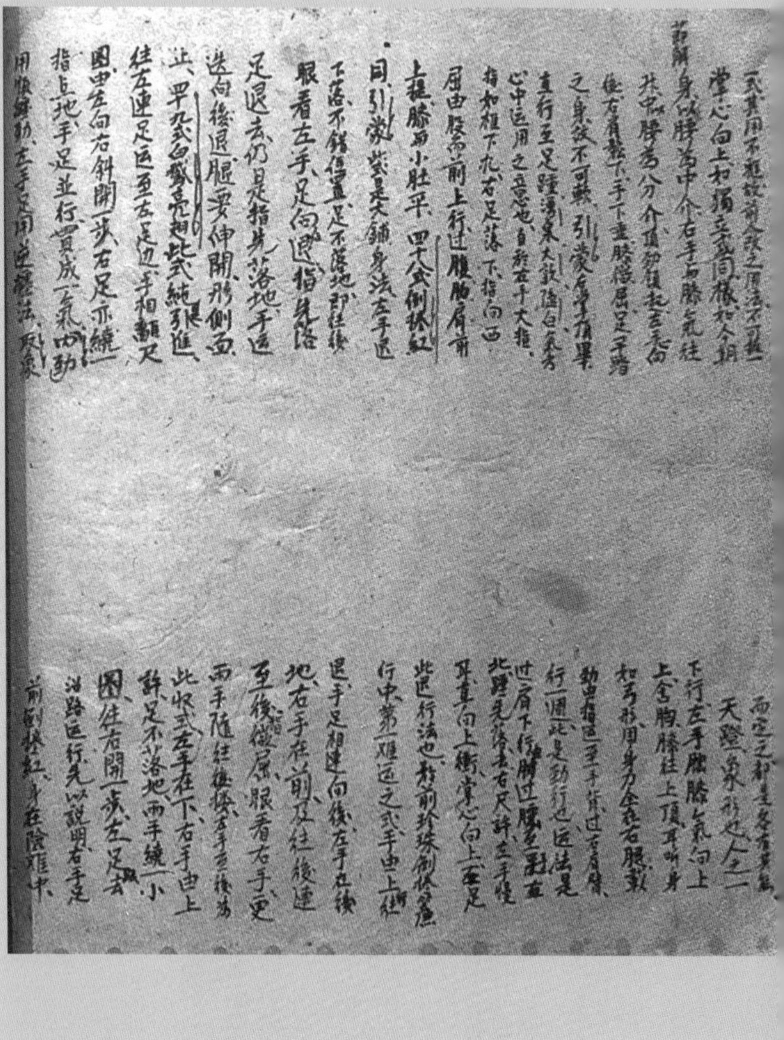

一式其用不拘故前人說之用法不可執一
掌心向上如獨立式同樣如人鎖
前開身以膝為中介右手與膝之氣往
於中以膝為分介頂仰頂起去右向
後左肩墜下手下垂膝微屈足子踏
之身總不可執引蒙身形手頂畢
直行至足踵湧泉大敦隱白衆方
心中運用之意也自然右手大指
指如箍下丸右足落下指向西
屈曲股向前上行過腹胸肩前
上提膝與小肚平四十八式倒捲紅
同引蒙蒙是大舖身法左手運
下落不錯仍置足不落地即往後
眼看左手足向後退指與路
足退去仍是指先落地手運
送向後退腿要伸開形側面
並四十九式白鵝亮翅此式純是引進
往左運足運至左足邊手相顧足
圈由左向右斜開一步右足亦繞
指點地手足並行貫成一氣而動
用收斂動左手足用逆纏法形象

而定之都是各有其能
天蹬象形也合之一
下行左手屈膝之氣向上
上合胸膝往上頂耳聽身
知為形用身力全在右腿載
動由指運至手背過右肩臂
行一週此是動行之運法是
過肩下行由胸過腹至剝直
北腳先落去右尺許左手慢
耳直向上衝掌心向上右足
此運行法也形前於珠倒捲紅
行中第一難運之式手由上往衝
退手足相連向後左手在後
地右手在前及往後運
至後蹬微屈眼看右手更
兩手隨往後換右手亦往後
此收式左手在下右手由上
許足不落地兩手繞一小
圈往右開一步左足去
此路運行先以說明右手足
前倒捲紅手在陰難中

須觀善變隨時，靈活在眼。

尺許。左手慢屈，由股而前上行，過腹、肋、肩前、耳，直向上衝，掌心向上。左足上提，膝與小肚平。

第四十八式　倒捲紅

節解

此退行法也，與前珍珠倒捲簾同。（圖 63、圖 64）

引蒙

此式是大鋪身法。左手退行中第一難運之式，手由上行往下落，不錯位置，足不落地即往後退，手足相連向後，左手在後，眼看左手。足向後退，趾先落地。右手在

圖 63　倒捲紅（一）

圖 64　倒捲紅（二）

前，及往後連足退去，仍是趾先落地，手運至後，指微屈。眼看右手。更迭向後退，腿要伸開，形側面。兩手隨往後摟，左手至後為止。

第四十九式　白鵝亮翅

節解

此式純是引進，此收式。左手在下，右手由上往左，連（右）足運至左足邊，手相離尺許，足不落地，兩手繞一小圈，由左向右斜開一步，右足亦繞一圈，往右開一步，左足跟去，趾點地，手足並行，貫成一氣。（圖 65）

圖 65　白鵝亮翅

內勁

沿路運行，先以說明，右手足用順纏勁，左手足用逆纏法。

取象

前倒捲紅，身在險難中，

此式排在難解難分出險之後，故取諸解。然解難非用進法不可。

七言俚語

其一

第三白鵝羽毛豐，左旋向右術最精。

其中含蓄無限意，總是引人落在空。

其二

一勢更比一勢難，此式迴旋如轉丸。

妙機本是從心發，敵人何能識龍蟠。

第五十式　摟膝拗步

節解

頂勁領起。眼看中指。耳聽背後。兩肩鬆開，兩肘下沉。右手落前，左手在後。平心靜氣，無使橫氣填塞胸中。腰勁下去，襠勁撐開。左膝屈露蓋，右腿伸中屈，左

式用不一而為之。

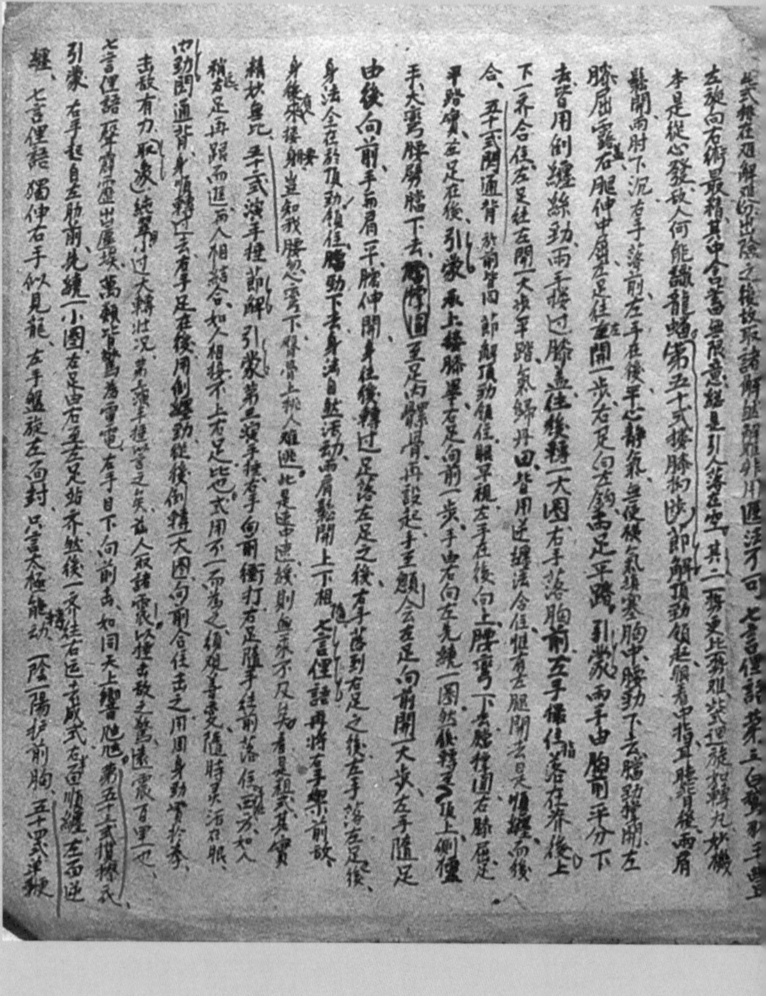

須觀善變隨時，靈活在眼。

圖 66　摟膝拗步

足往左開一步，右足向左鉤，兩足平踏。（圖 66）

引蒙

兩手由胸前平分下去，皆用倒纏絲勁，兩手摟過膝蓋，往後轉一大圈，右手落胸前，左手撮住指落在脊後，上下一齊合住。

左足往左開一大步，平踏，氣歸丹田，皆用逆纏法合住，惟有左腿開去是順纏，而後合。

第五十一式　閃通背

與前皆同。

節解

頂勁領住，眼平視，左手在後向上，腰彎下去，襠撐圓，右膝屈，足平踏實，左足在後。（圖 67）

引蒙

承上。摟膝畢，右足向前一步。手由右向左先繞一圈，然後轉至頂上，側棱手，大彎腰劈襠下去，至足內股，再設起，手至囟會。左足向前開一大步，左手隨足由後向前，手與肩平，肱伸開。身往後轉過，（右）足落左足之後，右手落到右足之後，左手落左足之後。

身法全在於頂勁領住，襠勁下去。身法自然活動，兩肩鬆開，上下相隨。

圖 67　閃通背

須觀善變隨時，靈活在眼。

七言俚語

再將右手禦前敵，身後有人來摟腰，

豈知我腰忽彎下，臀骨上挑人難逃。

此是速中速，緩則來不及矣。看是粗式，其實精妙無比。

第五十二式　演手捶

節解

圖 68。

圖 68　演手捶

引蒙

第三演手捶，右手向前衝，右足隨手往前落住，手在西方。如人稍遠，右足再跟而進，與人相結合。如人相接，不上右足，畢也。式用不一而為之，須觀善變隨時，靈活在眼。

內勁

閃通背，身順轉過去，右手足在後，用倒纏勁，從後倒轉一大圈，向前合住擊之，用周身勁貫於拳，擊敵有力。

取象

純粹用小過大轉狀況，第三演手捶以言之矣，茲人取諸震，以捶擊敵之驚，遠震百里也。

七言俚語

一聲霹靂出塵埃，萬類皆驚為雷電。
右手目下向前擊，如同天上響虺虺。

第五十三式　攬紮衣

節解

圖69。

圖 69　攬紮衣

引蒙

右手起自左肋前，先繞一小圈。右足由右至左足站齊，然後一齊往右運去，成式。右半面順纏，左面逆纏。

七言俚語

獨身右手似見龍，左手盤旋左面封。
只言太極能轉動，一陰一陽護前胸。

第五十四式　單　鞭

式如前。（圖 70）

式用不一而為之。

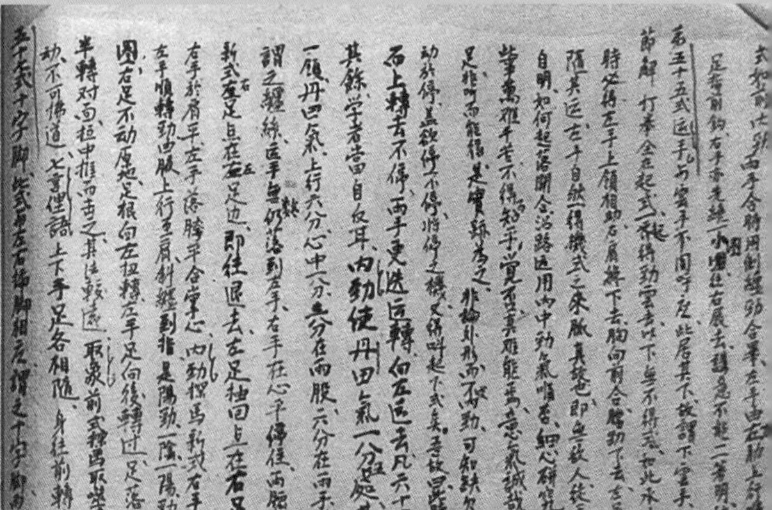

式如前此勢兩手合時用倒纏勁合畢，左手由左肋上行，轉時用足往左開去，右手與肩平，右足……

足尖前鉤，右手亦先繞一小圈，往右展去，雖是不甚二寸，明言讀者留心細揣有意領深，摩斜其意自領會。

第五十五式運手，與雲手不同呼應，此居其下，故謂下雲手，如雲之旋繞之意，隨形取之，如蟬翼之象形也。

節解　打拳全在起式，一承一起，勁要以下無不得之氣，如此承上單鞭式，必使右手鉤，亦之肩先卸下，卸下時必將左手上領，相助右肩將下去，胸向前合，腰勁下去，左足鉤右足，應用身上下一齊運行。先運右手，足亦隨其運，左手自然，一得機式之來脈，其根也，即無敵人於手空運，亦當得機勢，其灵活吾故謂周身各節自明，如何起落開合，活路運用內中勁氣順著，細心研究，日長可知也，非是口筆在對而已，是非知而能用，筆寫難，手巻不得，知乎，覺不真難，能焉，意氣誠哉在人也，非求往耶到其時可見也，所可喻者中勁充足，非可而能得，是實躰為之。　非論外形而不動，可知缺欠神氣，無以充足之式，是何停止而下式之機已動於停，其雖停而不停，將停之機，又係呼起下式矣，吾故曰此時雖似停不停，右手先繞一圈，向右伸轉，左手兩下運而上轉去不停，兩手更迭運轉，向左運去，凡六十四式著著如此，開而合，順而逆者也，特舉一隅，以例其餘，學者當自反耳，內勁使丹田氣一分在足，其實一氣貫通，上下不可倒塌，上心氣一領，丹田氣上行六分，心中八分，三分在兩股，六分在兩手，皆由骨中運至四梢，此謂中氣，其勁在肌膚，謂之纏絲，運手無數，仍落到左手，右手在心平停住，兩腿半伸，作下式探馬用。

五十六式高探馬　引蒙

新式右足點在左足邊，即往退去，左足抽回點在右足前，兩手隨足自上而下轉一大圈，向前合住，右手於肩平，左手落膝平合掌心，內勁探馬新式右手自足倒轉勁曲股上行至背，斜纏到指是陰勁，左手順轉勁由股上行至肩，斜纏到指是陽勁，一陰一陽，勁方合住，身法不動，左足在前，　未式將身轉半圈，右足不動原地，足根向左扭轉，左手足向後轉過，足落在後點住，新式是随轉而去之，皆折疊也，此式半轉對面拒中推而去之，其法較遠，取象前式探馬取其意，數式又取諸隨，隨是內外上下必隨其動，不可停道，七言俚語　上下手足各相隨，身往前轉矣退遲，只分身往轉不轉，去轉各有新奇，

五十七式十字腳，此式由左右掃腳相應，謂之十字腳，兩手探成十字，引蒙探馬……右手往左前偏左前隨

須觀善變隨時，靈活在眼。

圖 70　單鞭

內勁

兩手合時用倒纏勁合畢，左手由右肋上行順轉，同足往左開去一步，手與肩平。右足原位不動，足趾前鉤。右手亦先繞一小圈，往右展去。講義不能一一著明，練者留心細揣，有言「鐵杵磨針」，真否自己領會。

第五十五式　運　手

與雲手不同呼應，此居其下，故謂下雲手，如雲之旋繞之意，隨形取之，如螺鬟之象形也。

節解

打拳全在起式，一起得勁雲去，以下無不得式如此。

式用不一而為之。

承上單鞭式。人由右來，必使右手禦之。肩先卸下，卸時必得左手上領相助，右肩才下去。胸向前合。襠勁下去。左足實，右足虛，周身上下一齊運行。先運右手，足亦隨其運，左手自然得機式之來脈真故也。

即無敵人，徒手空運，亦覺得機式靈活。吾故謂周身各節自明，如何起落開合，沾路運用內中勁氣順否，細心研究，日長可知也，非是口筆應對而已。並非知而即用，此事萬難千苦，不得而知乎、覺否，真難能焉。意氣誠哉在人也，非是批評運到其時可見也。

你可留心內中勁充足，非聽而能得，是實跡為之，非論外形而不求內勁，可知缺欠神氣。吾所阮足之式，是何停止，而下式之機已動於停，蓋欲停不停，將停之機，又得叫起下式矣。吾故曰此時境似停不停，右手先繞一圈，向右伸轉，左手向下運而上轉去不停，兩手更迭運轉，向左運去。

凡六十四式，著著如此，開而合、順而逆者也，特舉一隅，以列其餘，學者當自反耳。（圖 71、圖 72）

內勁

使丹田氣一分五處，其實一氣貫通，上下不可倒塌一點。心氣一領，丹田氣，上行六分，心中一分，三分在兩股。六分在兩手，皆由骨中運至四梢，此謂中氣。

其勁在肌膚，謂之纏絲。運手無數，仍落到左手。右手在心平停住。兩肱半伸，作下式探馬用。

須觀善變隨時，靈活在眼。

圖 71　右運手

圖 72　左運手

式用不一而為之。

第五十六式　高探馬

節解

圖 73。

引蒙

新式，右足點在左足邊，即往退去，左足抽回，點在右足前。兩手隨足，自上而下轉一大圈，向前合住，右手與肩平，左手落胯，平合掌心。

內勁

探馬新式。右手是倒轉勁，由腋上行至背，斜纏到

圖 73　高探馬

指，是陰勁。左手順轉勁，由腋上行至肩，斜纏到指，是陽勁。一陰一陽，勁方合住。身法不動，左足在前。

老式將身轉半圈，右足不動原地，足跟向左扭轉，左手足向後轉過，足落在後，點住。新式是隨轉而擊之，背折順推也。老式半轉對面，拉中推而擊之，其法較遠。

取象

前式探馬取噬嗑，賁，此式又取諸隨，隨是由內外上下必隨其動，不可拂道。

七言俚語

上下手足各相隨，身往前轉莫遲遲，
只分身住轉不轉，擊搏各有各新奇。

第五十七式　十字腳

節解

此式與左右插腳相應，謂之十字腳，兩手捭成十字。（圖 74）

引蒙

探馬畢，將左腳偏左前進一步，左手攔腹放到右肋，右肱屈，放到左肱上面，然後右腳往左，向右橫擺之往右，左手由右往左橫運，打右足之趾，手往左擊左之敵

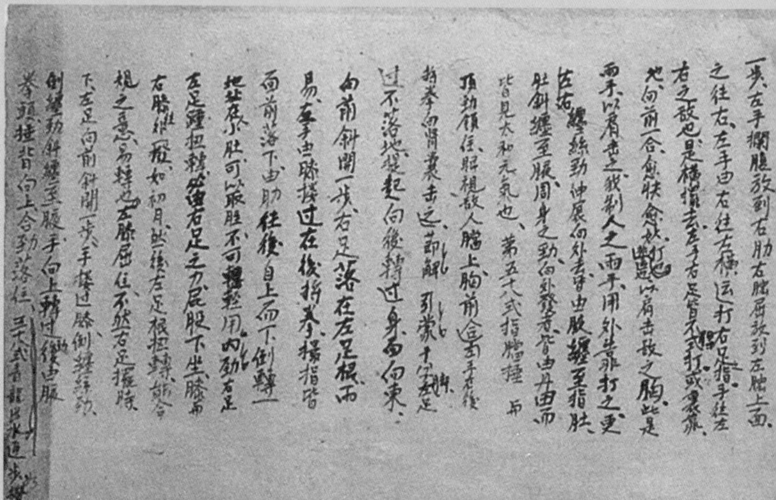
一丢左手搁腿放到右肋右腿屈放到左腿上面、
之往右，左手由右往左横运打右足指，手往左
右之敌也，是横撮去，左手右足皆是式打或裹脈
也，向前一合，愈快愈妙，打腿以肩击敌之胸，此是
两手以肩击之，我制人之两手，用外昔非打之更
佐佑，缠丝劲伸展向外去，由股缠至指肚
肚斜缠至股，周身之劲向外發者，皆由丹田而
皆是太和元氣也、第五十八式指膛捶
顶劲领住，眼视敌人腦上胸前，合住手後
指拳向胃裹击之，節解 引蒙十字式足
过不落地，提起向後轉过身面向東，
向前斜開一步，右足落在左足根两
易，左手由膝提过在後指拳，擦指皆
面前落下，由肋往後自上而下，倒轉一
地，然在小肚可以寬肚，不可摇整，用内劲右足
左足缠扭轉，然借右足之力屈股下坐，膝再
右膝微起，如初月然，然後左足根扭轉，然合
植之意，易轉也，左膝屈住，不然右足擺膝
下，左足向前斜開一步，手揉过膝倒轉缠劲
倒缠劲斜缠至腹，手向上轉过，復由腹
拳頭捶背向上合劲落住、三十八式青龍出水
然後右脚往左向右擺
击左之敌也，右足至右击
或外昔非或右足先落
十字脚之妙用也，人制我
覺得式爽快，凡是
往裏收束，引进皆由指
發然則皆由心之所處處
伸立朝天蹬二起三式相左
伸屈皆一可不需学，右手
在前偏左開步，待右足擺
左足扭轉过去，左足
足奇以黑顏不容
可，右足落下，手即從後向
圆由股向过向下击去
落地是踢脚，周身下来
膝高轉動得勁相宜
勁顺利过去，形如圓
必立不稳，固右足陣
缠至指肚，待右足勝手用
斜缠至指肚手精采在
过步，變後式相左 [illegible]

須觀善變隨時，靈活在眼。

圖 74　十字腳

也。右足至右擊右之敵也，是橫擺去，左手右足皆不得式打，或裏靠，或外靠，或右足先落地，向前一合，愈快愈妙。非打也，運也，以肩擊敵之胸，此是十字腳之妙用也。人制我兩手，以肩擊之；我制人之兩手，用外靠打之，更覺得式爽快。

凡是左右纏絲勁伸展向外去，皆由腋纏至指肚，往裏收束引進，皆由指肚斜纏至腋。周身之勁向外發者，皆由丹田而發，然則皆由心之所，處處皆見太和元氣也。

第五十八式　指襠捶

與獨立、朝天蹬、二起三式相應。頂勁領住，眼視敵人襠上，胸前合。左手在後，伸屈皆可，不宜掌。右手捋

式用不一而為之。

拳，向腎囊擊之。

節解

圖 75。

引蒙

十字腳，左足在前，偏左開步，待右足擺過不落地，提起向後轉過身，面向東。左足扭轉過去，左足向前斜開一步，右足落在左足跟，兩足奪巢，頗不容易。左手由膝摟過，在後捋拳，撮指皆可。右足落下，手即從後向面前落下，由肋往後自上而下倒轉一圈，由眼角過，向下擊去，地址在人小肚。可以取勝，不可輕用。

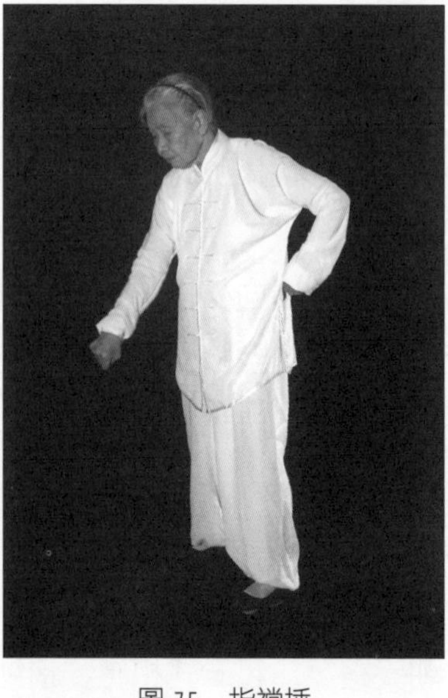

圖 75　指襠捶

須觀善變隨時，靈活在眼。

內勁

右足落地是跺腳，周身下垂。左足踵扭轉，必由右足之力，屁股下坐，膝與胯高，轉動得勁相宜，右膝往外一撥，如初月，然後左足跟扭轉，能合勁順利過去，形如圓規之意，易轉也。

左膝屈住，不然右足擺時必立不穩固。右足降下，左足向前斜開一步。手摟過膝，倒纏絲勁，纏至指肚，待右足落時，手用倒纏勁斜纏至腋，手向上轉過，勁復由腋斜纏至指，周身精聚在拳頭，捶背向上，合勁落住。

第五十九式　青龍出水

進步如趲梭式相應，前式右手順轉，左手倒轉，與趲梭勁氣相同，身法不轉，即停住，與七式、九式收法相應。兩手勁皆同前式，但兩手由遠處收回，此式由原地收回，引發而縱出去，一收一放，遙遙相應。

節解

頂勁領住。右拳落在右肋，左肱伸展。兩肩鬆下。胸往前合。眼看右手，肱微屈。兩足向前飛躍前進縱去。當中會陰、長強頂勁提起，合而前縱，如靈貓撲鼠，純是精神輕靈活潑，周身一制而合之，躍則有力，成式將拳變掌，躍時全在頂勁，與右拳領之，周身相隨之妙也。

指襠捶畢，下緊接青龍出水。兩式夾縫中，先將右肩

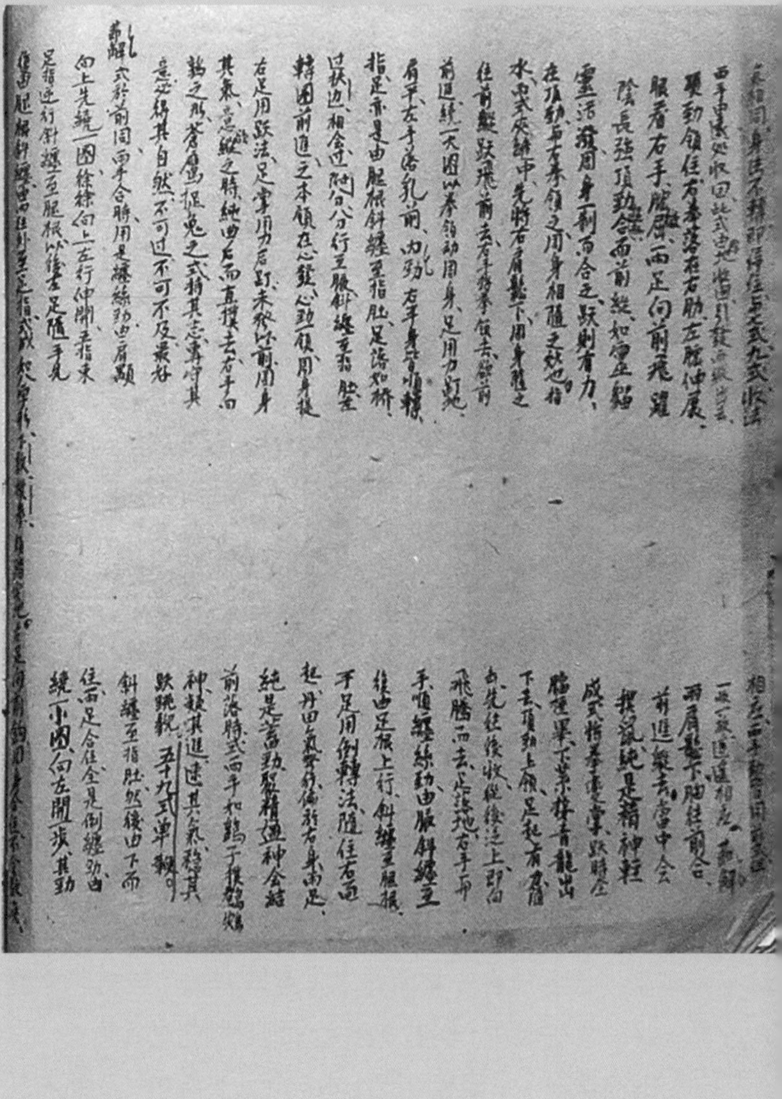

[illegible]同身法不[illegible]第九式收法
两手由[illegible]收回此式[illegible]
要勁領住右拳落在右肋，左腿伸展，
眼看右手，腿屈，两足向前飛躍
陰長強，頂勁合，两前襟如雲盤
靈活，旋周身一剎而合之，既則有力，
在頂勁與右拳領之，用身相隨之，妙也，指
水，此式疾速中先將右肩鬆下，用身隨之
往前躍，跃飛前去，右手拳領去，躍前
前進幾一大圈，以拳領動用身，足用力蹬地，
肩平，左手落乳前，內勁，右手[illegible]精，
指，足亦是由腿根斜纏至指肚，足落如橋，
過[illegible]，相合過，[illegible]分行至腿斜纏至[illegible]
轉圈前進之本領在心，鎮心勁領，用身捷
右足用跃法，足掌用力后蹬，未飛以前用身
其氣，意欲縱之時，純由后而直撲去，右手[illegible]
鶴之形，若鷹捉兔之式，精其志，專守其
意，要得其自然，不可过，不可不及，最好
第[illegible]式形前同，两手合時用足[illegible]絲勁由肩[illegible]
向上先繞一圈，徐徐向上，左行伸開，手指[illegible]
足指逆行斜纏至腿根，以後[illegible]足隨手[illegible]
復由腿根斜纏由[illegible]至足指，式[illegible]

相左，两手[illegible]
一[illegible]相左，两[illegible]
两肩鬆下，肘往前合，
前進幾去，當中合
提氣，純是精神，輕
成式指拳[illegible]，躍時左
腿[illegible]，下落[illegible]青龍出
下去，頂勁上領，足起，右肩[illegible]
由先往後收，從後往上，即向
飛騰而去，足落地，右手[illegible]
手順纏絲勁，由腿斜纏至
往由足根上行，斜纏至腿根，
手足用倒轉法，隨往右面
起，丹田之氣[illegible]右足，
純是蓄勁，聚精會神，合結
前落時，式两手和鶴子撲鵪鶉
神，疑其進，速其氣[illegible]
[illegible]第五十九式單鞭。
斜纏至指肚，然後由下而
往面，足合住，全是倒纏勁，由
繞一小圈，向左開步，其勁

須觀善變隨時，靈活在眼。

鬆下，周身隨之下去，頂勁上領，足起有力，隨往前縱躍飛前去。右手捋拳領去，欲前擊，先往後收，從後泛上，即向前進，繞一大圈，以拳領動周身，足用力蹬地，飛騰而去。足落地，右手與肩平，左手落乳前。（圖 76）

內勁

右手、身皆順轉，手順纏絲勁，由腋斜纏至指，足亦是由腿根斜纏至指肚，足落如橋，復由足跟上行，斜纏至腿根，過扶邊、相會，過附分，分行至腋，斜纏至指肚。左手足用倒轉法，隨住右面，轉圈前進之本領在心發。心勁一領，周身提起，丹田氣發行，偏於右身。兩足右足用躍法，足掌用力後蹬。未發以前，周身純是蓄勁，聚精盈神，會結其氣，意欲縱之時，純屈後而直撲去。右手向前

圖 76　青龍出水

式用不一而為之。

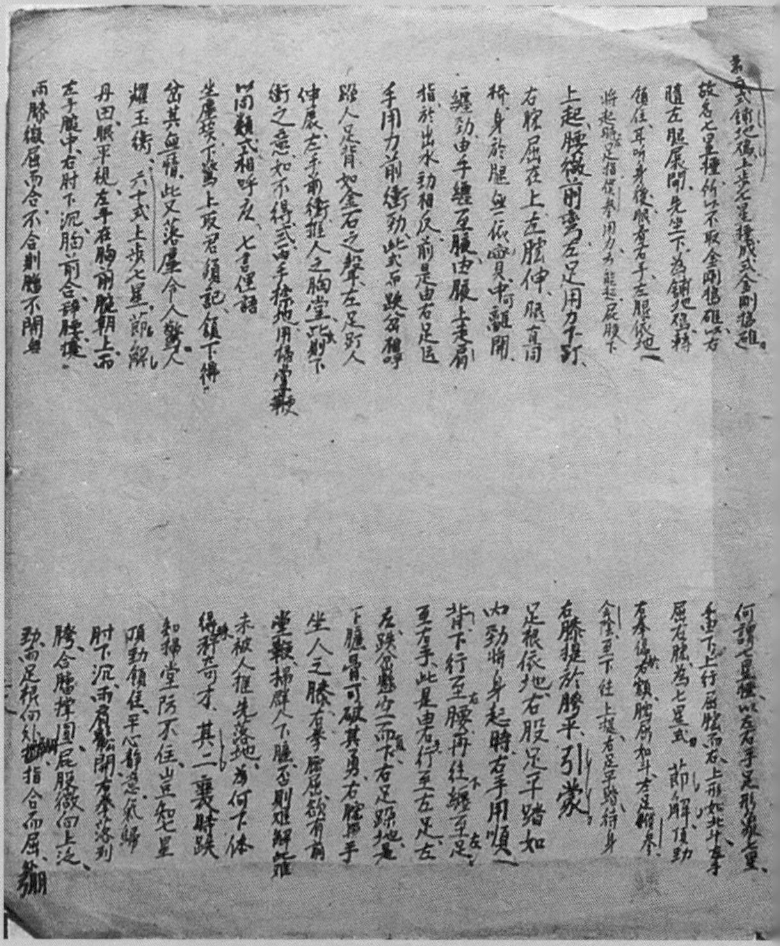
第[illegible]式鋪地錦上步七星攞成式金剛搗碓。
故名七星捶，何以不取金剛搗碓以右
隨左腿展開，先坐下為鋪地錦耕
領住，耳聽身後，眼看右手，左腿依地一
將起時足指徐徐用力方能起，屁股下
上起，腰微前彎，左足用力下蹬，
右膝屈在上，左肱伸，眼直開
橋，身於腿無一依靠，中間離開，
纏勁由手纏至腕，由腕上走肩
指，於出水勁相反，前是由右足至
手用力前衝勁，此式名跌岔，稱呼
踏人足背如金石之聲，左足踢人
伸展，左手前衝，推人之胸堂，此時下
衝之意，如不得式，兩手捺地用搗當鞭
此兩式相呼應。七言俚語
坐塵埃不驚上反君須記，領下得
出其無情，此又落塵令人驚人
耀玉衝。 六十式上步七星，節節
丹田，眼平視，左手在胸前，腕朝上而
左手腕中，右肘下沉，胸前合辟腰撻。
兩膝微屈而合，不合則膝不開無
何謂七星捶，以左右手足形象七星，
垂下上行屈肱而右，上形如北斗[illegible]
屈右肱為七星式。 節解頂勁
右拳偏右額，腕屈如斗，右足解拳
會陰至下往上提，右足平踏，行身
右膝提於胯平，引蒙
足根依地，右股足平踏如
內勁將身起時，右手用順一
背下行至腰，再往纏至足
至右手，此是由右行至左足，左
左跌岔幾與地一而下，右足踩地，是
下腿骨可破其勇，右腕手
坐人之膝，右拳屈屈，欲有前
堂鞭掃肋人下腿，否則難解，難
未被人推先落地，為何下体
傷精奇才。其二，裏時跌
知掃堂防不住，豈知七星
頂勁領住，平心靜意氣歸
肘下沉，而屈開右拳落到
胯合膝撐圓，屁股微向上泛，
勁而足根向外[illegible]指合而屈，翻

須觀善變隨時，靈活在眼。

落時，式兩手如鷂子撲鵪鶉之形，蒼鷹捉兔之式，持其志，專守其神，凝其進，速其氣，穩其意，必得其自然。不可過，不可不及，最好躍跳貌。

第六十式　單　鞭

節解

式與前同。兩手合時，用（的）是纏絲勁，由肩髃斜纏至指肚，然後由下而向上先繞一圈，徐徐向上左行伸開，五指束住。兩足合住，全是倒纏勁，由足趾逆行斜纏至腿根。以後左足隨手先繞一小圈，向左開一步，其勁復由腿根斜纏，由內往外至足趾。式成如八字形，大敦、僕參須踏實地。右足向前鉤。周身合住，不令散渙。（圖 77）

圖 77　單鞭

式用不一而為之。

第六十一式　鋪地雞

上步七星捶成式金剛搗碓。

何謂七星捶？以左右手足形象七星，故名七星捶。所以不取金剛搗碓，以右手由下向上行，屈肱而右上形如北斗。左手隨左腿展開，先坐下，為鋪地雞。轉屈右肱，為七星式。

節解

頂勁領住，耳聽身後，眼看右手。左腿依地，右拳停於右額，肱屈如斗。左足僕參，將起時，左足趾僕參用力方能起。屁股下會陰，自下往上提。右足平踏。待身上起，腰微前彎。左足用力下蹬，右膝提與胯平。（圖 78）

圖 78　鋪地雞

引蒙

右肱屈，在上，左肱伸。（左）腿直，同足跟依地。右股足平踏如橋。身與腿無依實，中可離開。

內勁

將身起時，右手用順纏勁，由手纏至腋，由腋上走肩背，下行至右腰，再往下纏至左足趾。與出水勁相反。前是由右足運至右手，此是由右手行至左足，左手用力前衝勁。此式與跌岔相呼應。

跌岔懸空而直下，右足跺地，是跺人足背，如金石之聲。左足蹬人下臁骨，可破其勇。右肱與手伸展，左手前衝，推人之胸膛。此式則下坐人之膝。

右拳肱屈，欲有前衝之意。如不得式，兩手捺地用掃堂鞭，掃群人下臁，否則難解此難。以同類式相呼應。

七言俚語

其一

未被人推先落地，為何下體坐塵埃？
下驚上取君須記，頷下得珠稱奇才。

其二

曩時跌岔其無情，此又落塵令人驚。
人知掃堂防不住，豈知七星耀玉衡。

第六十二式　上步七星

節解

頂勁領住。平心靜意。氣歸丹田。眼平視。左手在胸前，腕朝上。兩肘下沉，兩肩鬆開。右拳落到左手腕中，右肘下沉。胸前合，辭腰，撩胯，合襠撐圓。屁股微向上泛。兩膝微屈而合，不合則襠不開，無勁。兩足跟向外掤。趾合而屈，外掤。（圖 79）

引蒙

左手前衝，往上先繞一圈，落胸前，手腕向上，指微屈。右手由後轉前，上行，轉一大圈，捋拳，落在左手腕

圖 79　上步七星

中，往裏一合，頂勁一領。右足、膝、僕參裏邊連左足跟用力，一齊提起身來。右足往前進步，先繞一圈，膝上提，及落下去，與左足並齊。

內勁

身既起來，與前三個搗式相同。氣歸丹田，心氣和平，得太和元氣，太極原象。

取象

七星捶與搗碓式皆相同。前者取一本散為萬殊，此是萬殊歸於一本。如《中庸》始言天命、中散為萬事、終言上天無聲無臭意同，如此方能束其局。

七言俚語

其一

太極循環如弄丸，盈虛消化破瀾關。
豈知凡事皆根此，哪有奇才玄妙觀？

其二

人人各俱太極拳，只看用功不用功。
只要日久能無懈，妙理循環自然通。

其三

腳踢拳打下亦拳，妙手無處不渾然。
任他四圍皆是敵，此身一動悉顛連。
我身無處非太極，無心化成如珠圓。
遇著何處何處擊，吾亦不知玄又玄。

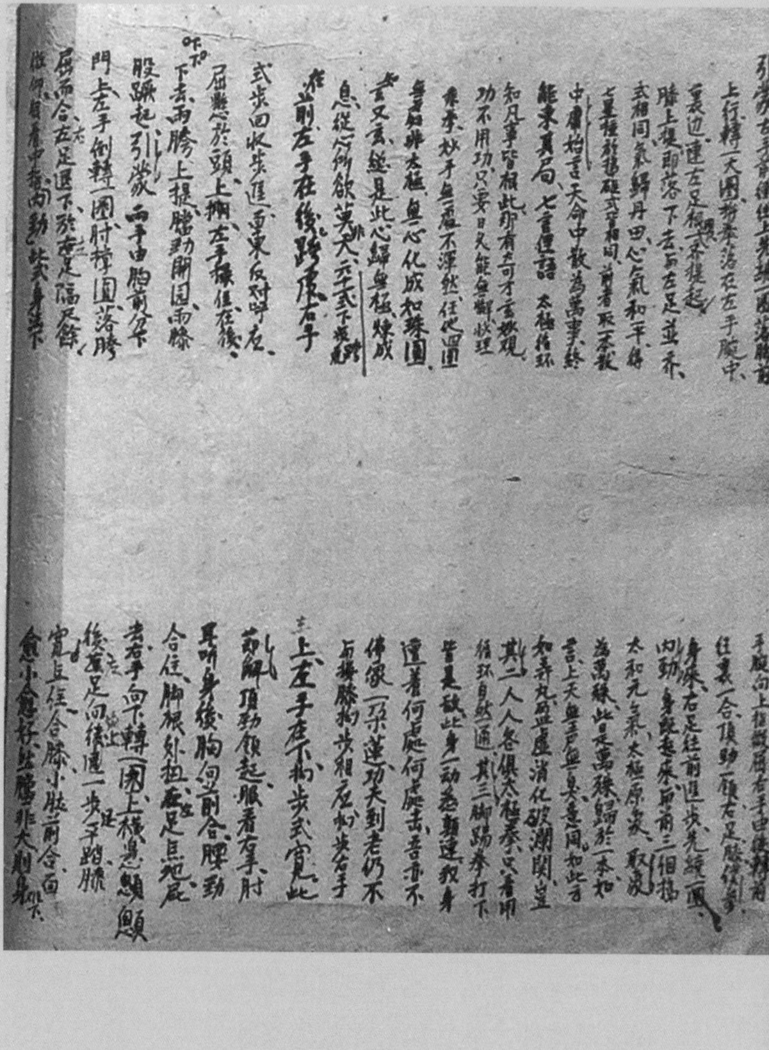
引[illegible]右手前[illegible]往上先[illegible]一圈落膝前
上行轉一大圈，拗拳落在左手腕中，
裏边連左足提[illegible]起，
膝上提即落下去，右足並齊，
式相同，氣歸丹田，心氣和平，緣
七星[illegible]式皆相同，前者取一[illegible]數
中庸始言天命，中散為萬事，終
能束真局，七言俚語 太極循环
知凡事皆相此，所有大可才會妙觀，
功不用功，只要日久，能無斷狀理
非拳，妙手無處不渾然，任他四圍
無極非太極，無心化成如珠圓，
七言又言，總是此心歸無極，煉成
息，從心所欲莫大，六乎武下[illegible]
前左手在後，[illegible]展右手
式步回收步進，再束反對呼應，
屈懸於頭上攔，左手操住在後，
下去，兩膝上提，膽勁開圓兩膝
股踢起引蒙，兩手由胸前分下
門上左手倒轉一圈，肘撑圓落膝
屈而合，左足退下，蹬右足隔尺餘，
撤仰，目看中指，內勁，此式身法下

手腕向上指，微屈右手中指轉前
往裏一合，頂勁一領，右足膝[illegible]
身隨右足往前退一步，先繞一圈，
內勁，身既悉來，前三個指
太和元氣，太極原來，取象
為萬殊，此是萬殊歸於一本，如
言上天無言無臭之意，如此方
知吾丸無處消化破潮関，豈
其二 人人各俱太極拳，只看明
循环自然通，其三 腳踢拳打下
皆是敵，此身一動急難逢敵身
還着何處何處去，吾亦不
佛家一朵蓮，功夫到老仍不
右摟膝拗步，相應拗步右手
十三 上左手在下拗步式實，此
[illegible] 頂勁領起，眼看右手肘
耳聽身後，胸向前合，腰勁
合住，腳根外扭，左足貼地，屁
老右手向下轉一圈上摟，[illegible]
後右足向後退一步，手踏膝
實，上任合，膝小肚前合面
愈小愈好，此膝非大則[illegible]

須觀善變隨時，靈活在眼。

總是此心歸無極，煉成佛家一朵蓮。
功夫到老仍不息，從心所欲莫非天。

第六十三式　下步跨虎

與摟膝拗步相應。拗步右手在前，左手在後；跨虎右手在上，左手在下。拗步式寬，此式步回，收步進，面東反對呼應。

節解

頂勁領起。眼看右手，肘屈懸於頭，上挪。左手撮住，在後。耳聽身後。胸向前合，腰勁下去，兩胯上提，襠勁開圓，兩膝合住。腳跟外扭。左足點地，屁股撅起。（圖 80）

圖 80　下步跨虎

式用不一而為之。

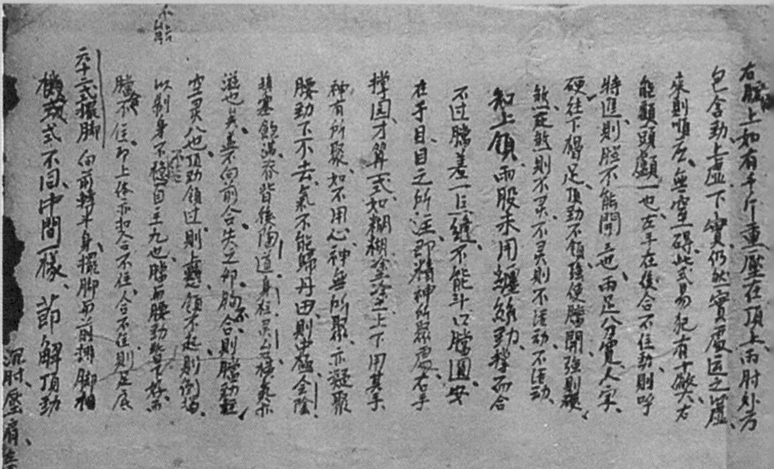

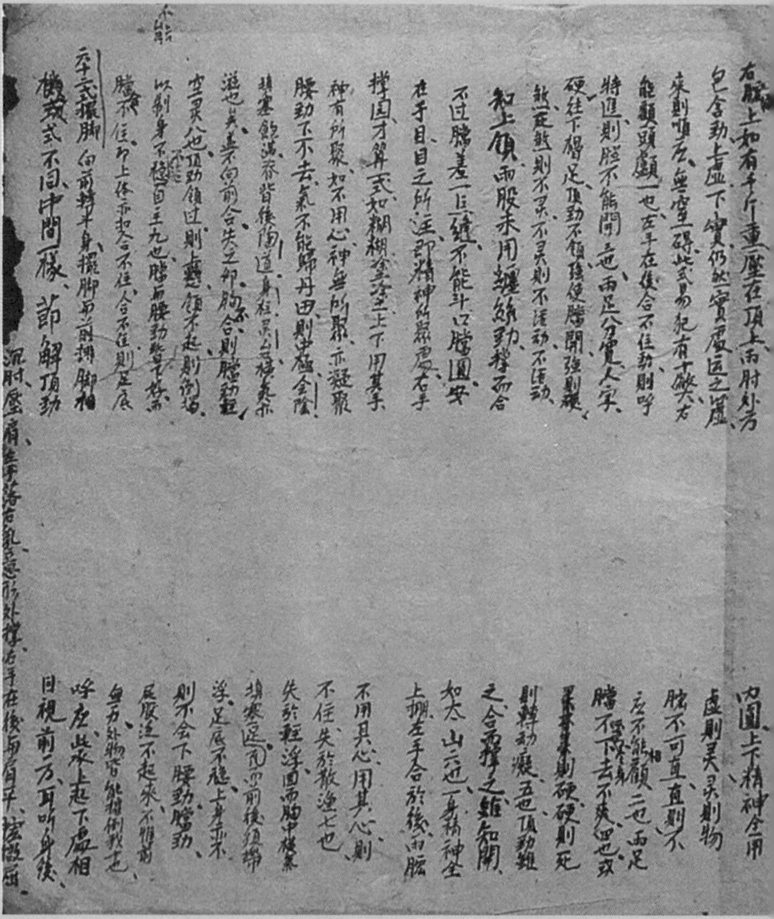

須觀善變隨時，靈活在眼。

引蒙

兩手由胸前分下去，右手向下轉一圈，上橫懸囟門上。左手倒轉一圈，肘撐圓，落胯後。左足向前上一步，足平踏，膝屈而合。右足退下，與左足隔尺餘寬，點住。合膝。小肚前合。面微仰，眼看中指。

內勁

此式身法下愈小愈好，然襠非大則身難下。右肱在向上，如有千斤重，壓在頂上。兩肘外方內圓，上下精神全用包含勁。上虛下實，仍然實處運之以虛。虛則靈，靈則物來則順應無窒礙。

此式易犯有十弊。

右肱不可直，直則不能顧頭顱。一也。

左手在後合不住勁，則呼應不能相顧。二也。

兩足特近，則襠不能開。三也。

兩足分寬人字，襠不彎，令身下去不爽。四也。

或硬往下滑足，頂勁不領，強使襠開。強則硬，硬則死煞，死煞則不靈，不靈則不活動，不活動則轉動癡。五也。

頂勁雖知上領，兩股未用纏絲勁，撐而合之，合而撐之。雖知開，不過襠差一點縫，不能斗口襠圓，安如泰山。六也。

一身精神全在於目，目之所注，即精神所聚處。右手上掤，左手合於後，兩肱撐圓，才算一式。如糊糊塗塗，

式用不一而為之。

身要直左膝微屈而合之，腰勁下去、
抬起右脚平、引蒙　上式踐虎右
左手往斜往上去，左足往西北開一步落
展右肩平，手指斜往左脇屈，手落右乳、
過去，兩手向左橫掘過去，右足足落原
落胸前，左腿斜伸，右腿腿上下貼一，兩
手皆合，右膝屈，左腿伸，勁相同、
先卸左腿，護英雄，再使兩手
第十式當頭砲　此敗式名詳而撮腳
向西前用拳擊于人故名　節解
根神貫往左拳耳聽，身後沉肘、
合空空洞洞，萬象皆涵此極處，周身
下向後大轉一圈，拳落胸前，左手
合住，勁上下左右皆能相顧，而不失者、
乎，由心者，謂道心，即理心也，然
即陰陽五行也，然氣非理無以宰、
不相離，而相附，此太極根，無極者
生形，必待其稍有知識，而理氣在人
內發，或外感，而意思生也，當其未
發之其意微乎其微，而陰陽之理，存乎其中，具其自然之機，即心構形，仍在人心中，即中庸所謂未

而將上提屈腿，微往合，膝右腿
手在上，腿似動不動，隨身倒轉、
西北，右足隨轉，落在足西北，腿伸
右足抬起，右腿平，再右左向右擺
把兩手由左向後轉一大圈，右手
手與拳平，兩落注合住勁周
七言俚語：右手上托倒轉躬、
往左去，右足擺過奪化功、
合成周轉合勁，成式當頭砲者、
頂勁領好，下通長強，身之管鍵、
壓肩，兩拳相對，合住勁，胸向前
無一處不合，引蒙　兩手由上往
順轉，右手倒轉，腿隨手轉，勁相間、
太極拳祖原理解　人之一身，心為主
理中能匠者，謂之氣，其氣、
而理非氣無以行，故理與氣
然通，天之生人，即以此理此氣
心者，渾然無迹象，然心中或由
生渾渾沌沌，一無所有，及其將

須觀善變隨時，靈活在眼。

上下用其手，不用其心，用其心則神有所聚，如不用心，神無所聚，亦凝聚不住，失於散渙。七也。

腰勁下不去，氣不能歸丹田，則中極、會陰失於輕浮，因而胸中橫氣填塞飽滿，脊背後陶道、身柱、靈台橫氣亦填塞充足，而前後胥滯澀也矣。蓋不向前合失之仰。胸不合，則襠勁輕浮，足底不穩，上身亦不空靈。八也。

頂勁領過則上懸，領不起則倒塌，則不會下腰勁、襠勁，以致身不穩，不能自主。九也。

襠與腰勁皆下好，而屁股泛不起來，不惟前襠合不住，即上體亦扣合不住。合不住，則足底無力，外物皆能摧倒我。十也。

第六十四式　擺　腳

向前轉半身，擺腳，與前排腳相呼應。此承上啟下處相機式不同，中間一樣。

節解

頂勁，目視前方，耳聽身後。沉肘，壓肩。左手落右乳，意形外撐。右手在後與肩平，肱微屈。身要直。左膝微屈而合之。腰勁下去，兩胯上提，屁股微泛，合襠。右腿抬起與胯平。（圖 81、圖 82）

引蒙

上式跨虎。右手在上，腕似動不動，隨身倒轉。左手

式用不一而為之。

圖 81　擺腳（一）

圖 82　擺腳（二）

在後，漸往上去。左足往西北開一步，落西北。右足隨轉，落左足西北。

肱伸展與肩平，手指駢住，左肱屈，手落右乳。右足抬起與腿根平，再去左向右橫擺過去。兩手向左橫擺過去，打右足，足落原地。

兩手由左向後轉一大圈，右手落胸前。左肱斜伸，與腿上下照。兩手變拳，平面落住，合住勁，周身皆合。右膝屈，左腿伸，勁相同。

七言俚語

右手上托倒轉躬，先卸右肱讓英雄。
再使兩手往左擊，右足擺過奪化功。

第六十五式　當頭炮

此成式名辭與擺腳主動合成，周轉合勁成式。當頭炮者，向面前用拳擊人，故名。

節解

頂勁領好，下通長強，身之關鍵。眼神貫注左拳。耳聽身後。沉肘，壓肩，兩拳相對合住勁，胸向前合。空空洞洞，萬象皆涵，極虛。周身無一處不合。（圖 83）

引蒙

兩手由上往下向後大轉一圈，拳落胸前。左手順轉，右手倒轉。腿隨手轉，左右勁相同。合住勁，上下左右皆

圖 83　當頭炮

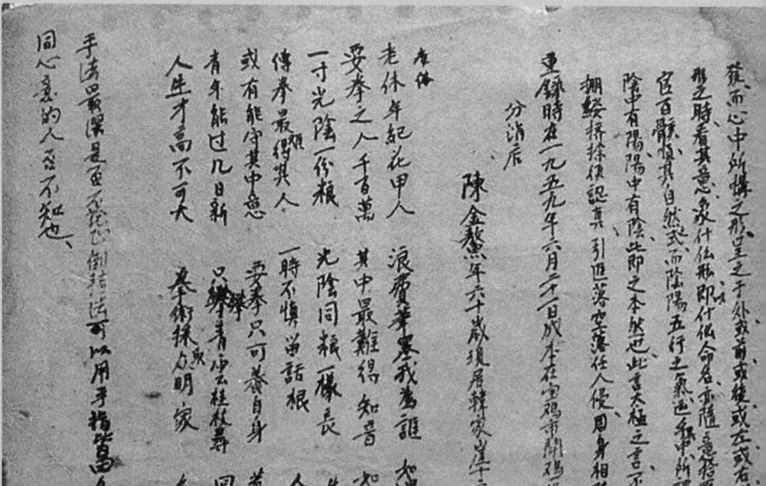

萑而心中所講之形呈之于外或前或後或左或右或偏或正全體身法無不具備其未發擄
形之時看其意象什仫形即什仫命名或隨意發取初無成心是時即形命名之謂也上冊者之中五
官百骸順其自然式而陰陽五行之氣運乎中所謂動則生陽靜則生陰一動一靜互爲其根此所謂
陰中有陽陽中有陰此即之本然也此書太極之書不勝其言凡舉一再思而行七言俚語
掤綏擠捺須認真　引進落空任人侵　周身相隨人難進　四兩能撥八千斤。
重錄時在一九五九年六月二十一日成本在寶鷄市陳鷄区郎金台区李家崖營業部門合作商店
分消店
陳金鰲年六十歲現居韓家崖十六號原籍河南溫縣陳家溝人氏
存体
老休年紀花甲人　浪費筆墨我為誰　如遇識者作四看　或然一大化成灰
要拳之人千百萬　其中最難得知音　如是有人守此卷　不愧陳氏一片心
一寸光陰一份粮　光陰同粮一樣長　失落光陰無處覓　粮失粮源命难常
傳拳最得其人　一時不慎留話根　人生名譽最难保　何況再傳後生人
或有能守其中意　要拳只可養自身　若是練拳玄妙處　此後纔見話是真
青年能过几日新　只練拳青少壯林壽　回首不敢仔細算　一風催成老年人
人生才高不可大　拳術採点明家　各門自有各人妙　何必認為壯一家狂夫乎
手法最深是因不從心倒转法可以用手指當文下过去　此書携身未曾到家日后或有
同心意的人否不知也、

須觀善變隨時，靈活在眼。

能相顧而不失者。

太極拳推原理解

人之一身，以心為主宰乎。肉心者，謂道心，即理心也。然理中能運者，謂之氣。其氣即陰陽五行也。然氣非理無以宰，而理非氣無以行，故理與氣不相離而相附。此太極根，無極者然也。天之生人，即以此理、此氣生於心，待其稍有知識，而理氣在人心者，渾然無跡象。

然心中或由內發，或外感，而意思生也。當其未生，混混沌沌，一無所有。及其將發生其意，微乎其微，而陰陽之理存在其中。順其自然之機，即心構形，仍在人心中，即中庸。

所謂之未發，而心中所構之形呈之於外，或前、或後，或左、或右，或偏、或正，全體身法，無不具備。當其未發，構形之時看其意，像什麼形，即以什麼命名，亦隨意拾取。初無成心，是時即形命名之謂也。每著之中，五官百骸，順其自然之式，而陰陽五行之氣運乎其中。

所謂動則生陽，靜則生陰。一動一靜，互謂其根。此所謂陰中有陽，陽中有陰。此即之本然也。此言太極之言，不勝其言。凡舉一，再思而行。

七言俚語

掤捋擠捺須認真，引進落空任人侵。

周身相隨人難進，四兩能擒八千斤。

式用不一而為之。

重錄時在一九五九年六月二十一日，成本在寶雞市鬥雞區（即金台區）李家崖營業部門合作商店分銷店。

陳金鰲，年六十歲，現居韓家崖十六號。原籍河南溫縣陳家溝人氏。

老朽年紀花甲人，浪費筆墨我為誰？
如遇識者作畫看，或燃一火化成灰。
耍拳之人千百萬，其中最難得知音。
如是有人守此卷，不愧陳氏一片心。
一寸光陰一份糧，光陰同糧一樣長。
失落光陰無處覓，遺失糧源命難長。
傳拳最難得其人，一時不慎留話根。
人生名譽最難保，何況再傳後生人。
或有能守其中意，耍拳只可養自身。
若是練至玄妙處，此後才見話是真。
青年能過幾日新？只攀青雲桂枝尋。
回首不敢仔細算，一風催成老年人。
人生才高不可大，拳術採取眾明家。
各門自有各門妙，何必認為獨一家？
狂夫乎！

手法最深，是否不論正倒轉法可以用，手指皆由膝下過去。不如此，吾揣身未曾到家。日後或有同心意的人否？不知也。

須觀善變隨時，靈活在眼。

附　錄

陳鳳英太極拳六十四式全圖

（注：此處附陳金鰲之侄女陳鳳英演練的陳式太極拳六十四式拳照，供讀者參考學習。部分拳式名稱與前文手抄本中的名稱略有出入，特此說明。）

●金剛搗碓（一）

●金剛搗碓（二）

●金剛搗碓（三）

我身無處非太極，無心化成如珠圓。

●金剛搗碓（四）

●金剛搗碓（五）

●攬擦衣（一）

●攬擦衣（二）

●單鞭（一）

●單鞭（二）

其勁在肌膚，謂之纏絲。

●單鞭（三）

●單鞭（四）

●金剛搗碓（一）

●金剛搗碓（二）

●金剛搗碓（三）

●白鶴亮翅

我身無處非太極，無心化成如珠圓。

●摟膝拗步（一）

●摟膝拗步（二）

●初收（一）

●初收（二）

●斜行拗步（一）

●斜行拗步（二）

其勁在肌膚，謂之纏絲。

●再收（一）

●再收（二）

●前堂拗步（一）

●前堂拗步（二）

●前堂拗步（三）

●掩手捶

我身無處非太極，無心化成如珠圓。

● 金剛搗碓（一）

● 金剛搗碓（二）

● 撇身捶（一）

● 撇身捶（二）

● 撇身捶（三）

● 背折靠（一）

其勁在肌膚，謂之纏絲。

●背折靠（二）

●肘底看拳（一）

●肘底看拳（二）

●肘底看拳（三）

●倒捲紅（一）

●倒捲紅（二）

我身無處非太極，無心化成如珠圓。

●中白鶴亮翅

●摟膝拗步（一）

●摟膝拗步（二）

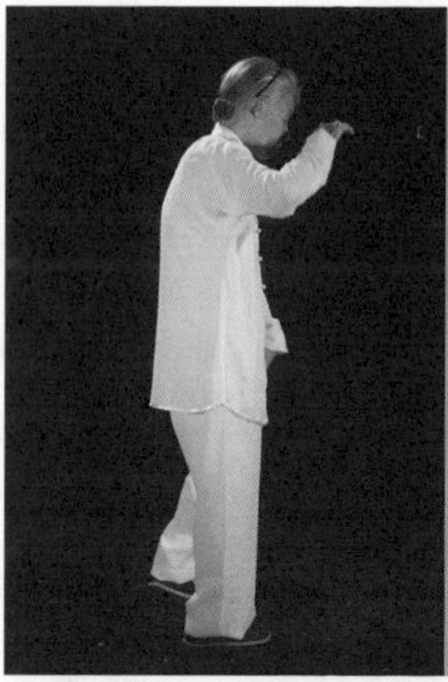
●閃通背（一）

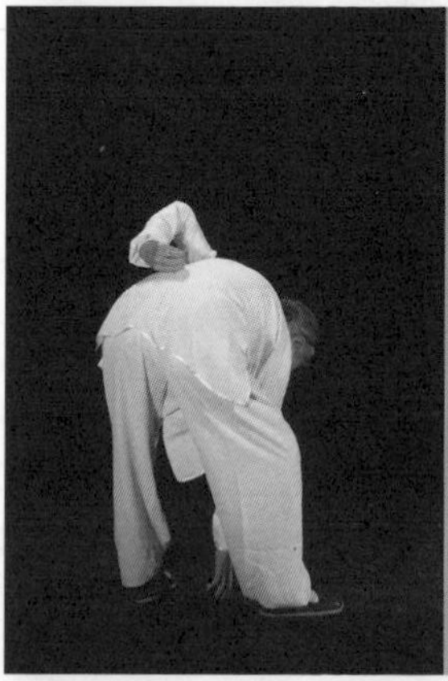
●閃通背（二）

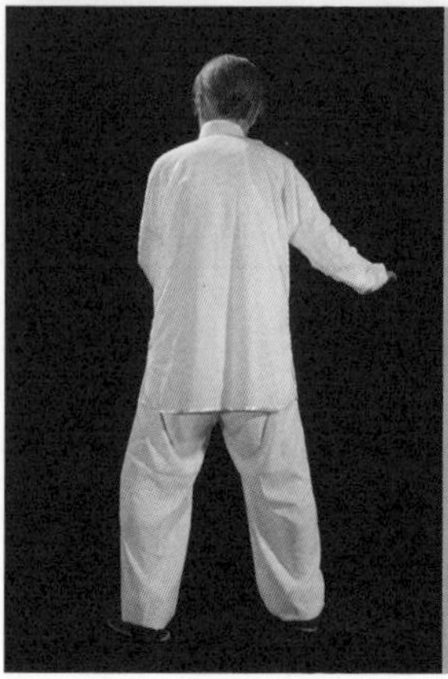
●掩手捶（一）

其勁在肌膚，謂之纏絲。

●掩手捶（二）

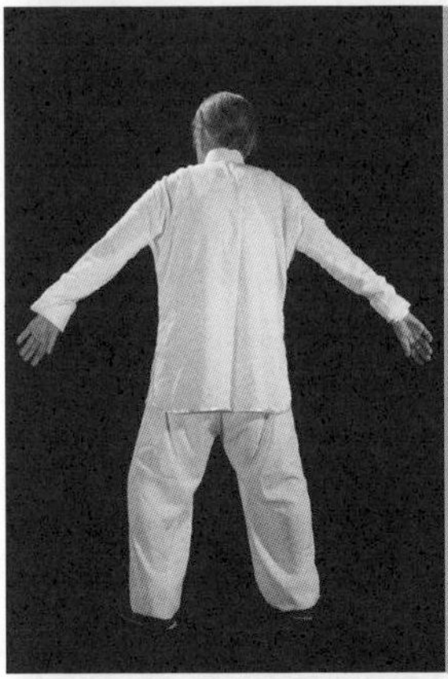
●攬擦衣（一）

●攬擦衣（二）

●攬擦衣（三）

●單鞭（一）

●單鞭（二）

我身無處非太極，無心化成如珠圓。

●運手（一）

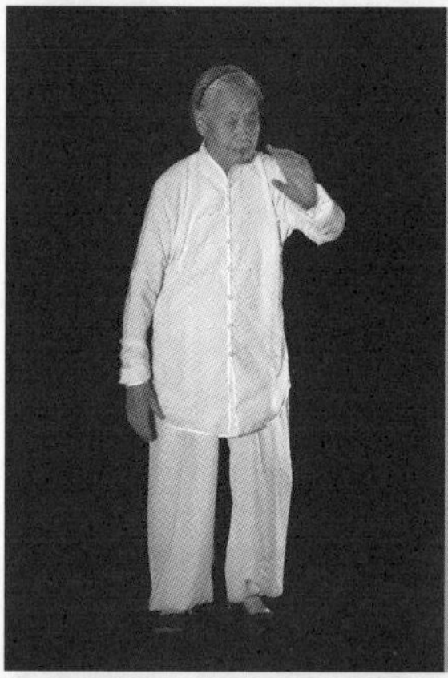
●運手（二）

●高探馬（一）

●高探馬（二）

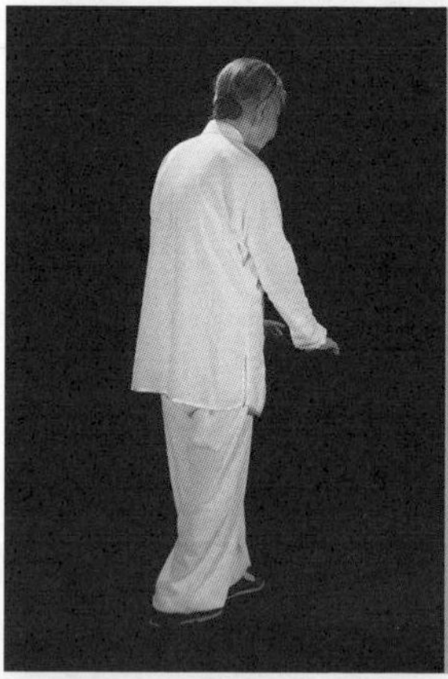
●右擦腳（一）

●右擦腳（二）

其勁在肌膚，謂之纏絲。

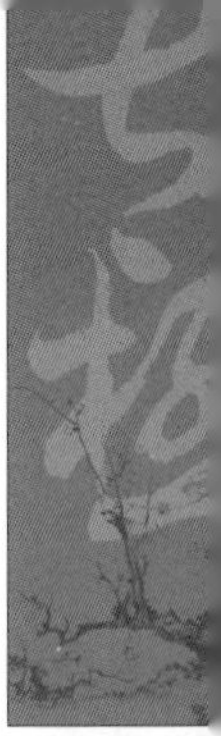

●左擦腳（一）

●左擦腳（二）

●中單鞭（一）

●中單鞭（二）

●擊地捶（一）

●擊地捶（二）

我身無處非太極，無心化成如珠圓。

●獸頭式

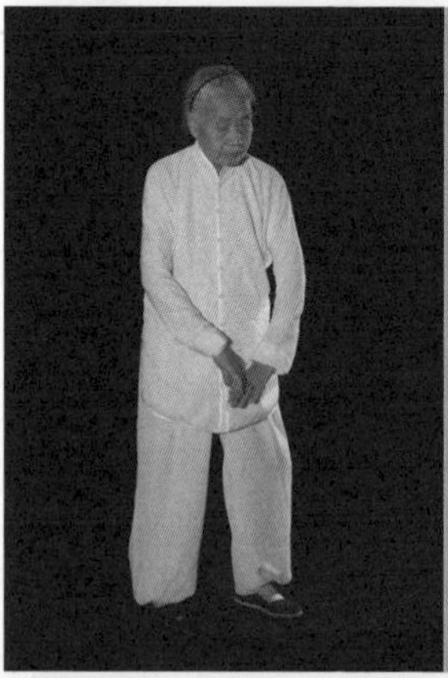

●踢腳（一）

●踢腳（二）

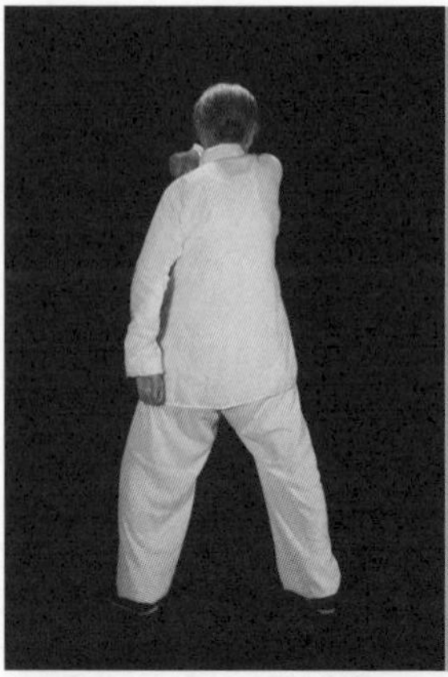

●二踢起（一）

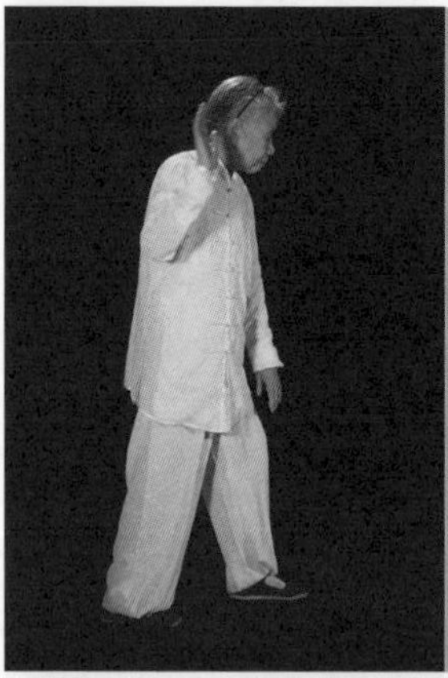

●二踢起（二）

●二踢起（三）

其勁在肌膚，謂之纏絲。

蹬一根（一）

蹬一根（二）

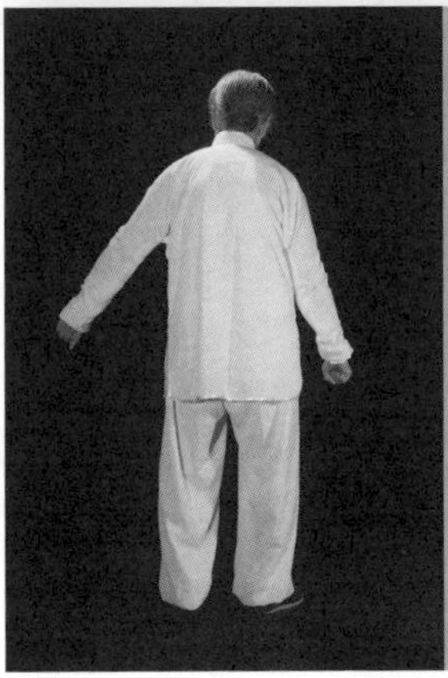
掩手捶（一）

掩手捶（二）

小擒拿

抱頭推山（一）

我身無處非太極，無心化成如珠圓。

其勁在肌膚，謂之纏絲。

●抱頭推山（二）

●單鞭（一）

●單鞭（二）

●前招

●後招

●野馬分鬃（一）

●野馬分鬃（二）

●單鞭

●玉女穿梭（一）

●玉女穿梭（二）

●玉女穿梭（三）

●攬擦衣

我身無處非太極，無心化成如珠圓。

其勁在肌膚，謂之纏絲。

●單鞭（一）

●單鞭（二）

●中運手（一）

●中運手（二）

●擺腳（一）

●擺腳（二）

我身無處非太極，無心化成如珠圓。

●跌岔（一）

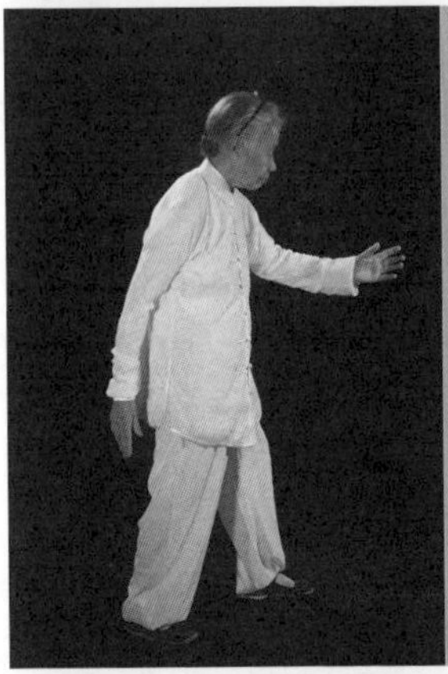
●跌岔（二）

●錦雞獨立

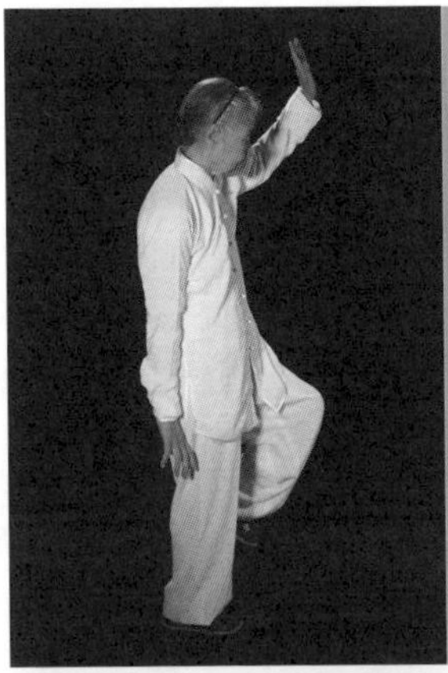
●朝天蹬

●倒捲紅（一）

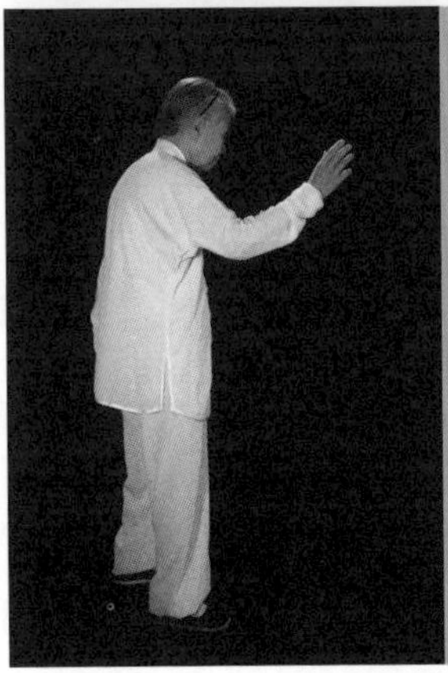
●倒捲紅（二）

白鶴亮翅（一）

白鶴亮翅（二）

摟膝拗步（一）

摟膝拗步（二）

閃通背（一）

閃通背（二）

其勁在肌膚，謂之纏絲。

攬擦衣（一）

攬擦衣（二）

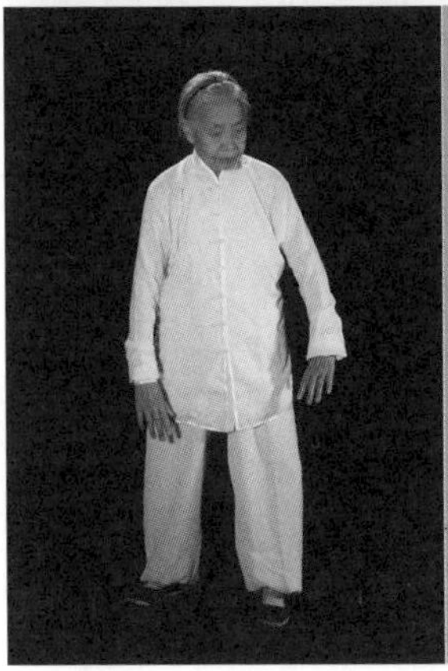
攬擦衣（三）

掩手捶（一）

掩手捶（二）

掩手捶（三）

我身無處非太極，無心化成如珠圓。

●攬擦衣（四）

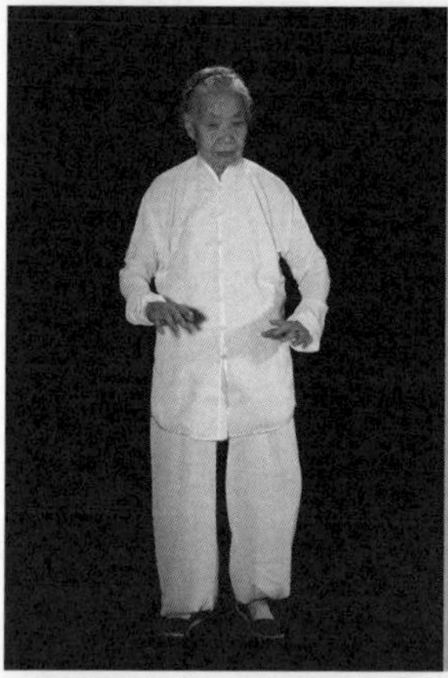
●單鞭（一）

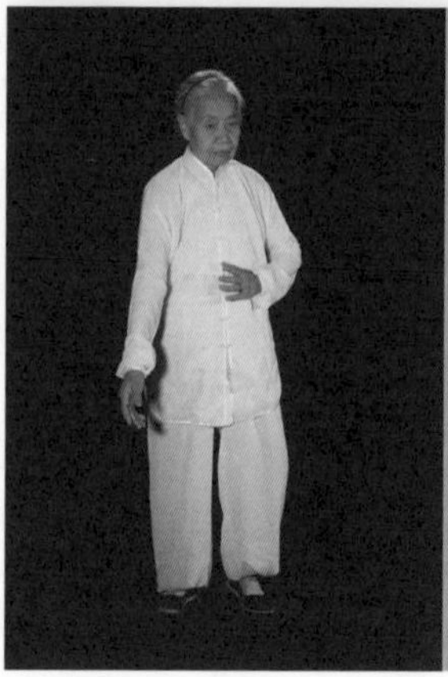
●單鞭（二）

●單鞭（三）

●運手（一）

●運手（二）

其勁在肌膚，謂之纏絲。

● 高探馬（一）

● 高探馬（二）

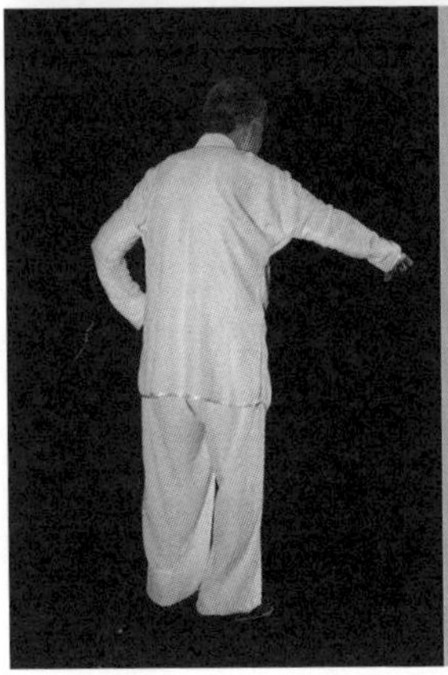
● 高探馬（三）

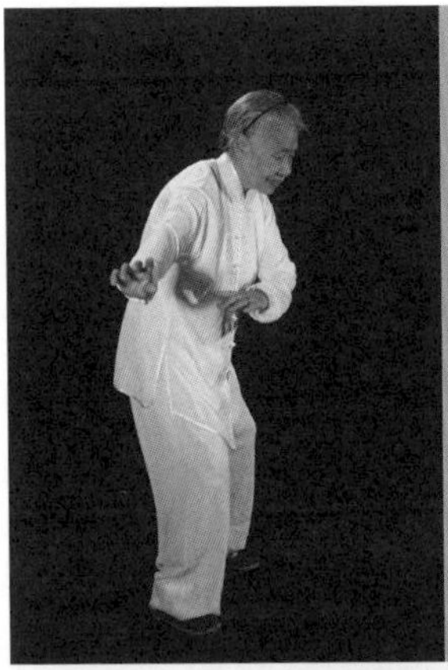
● 十字腳（一）

● 十字腳（二）

● 指襠捶（一）

我身無處非太極，無心化成如珠圓。

●指襠捶（二）

●指襠捶（三）

●單鞭（一）

●單鞭（二）

●單鞭（三）

●單鞭（四）

其勁在肌膚，謂之纏絲。

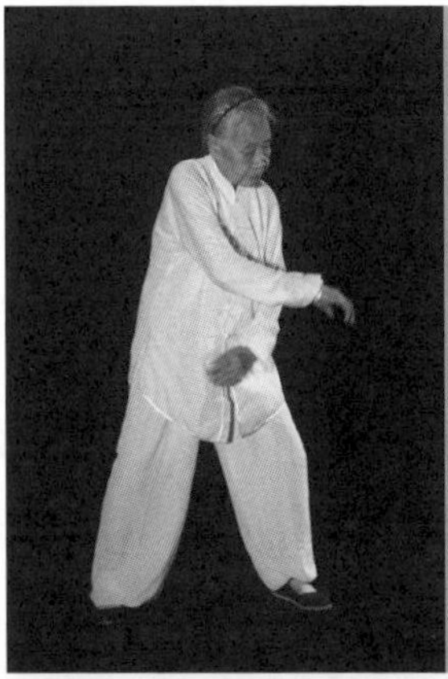

●上步七星（一）

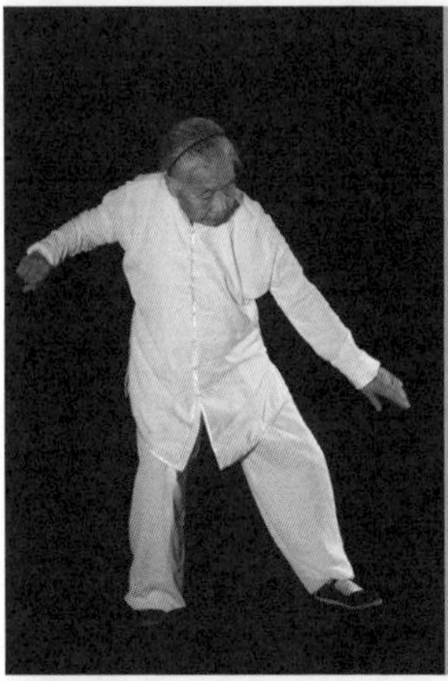

●上步七星（二）

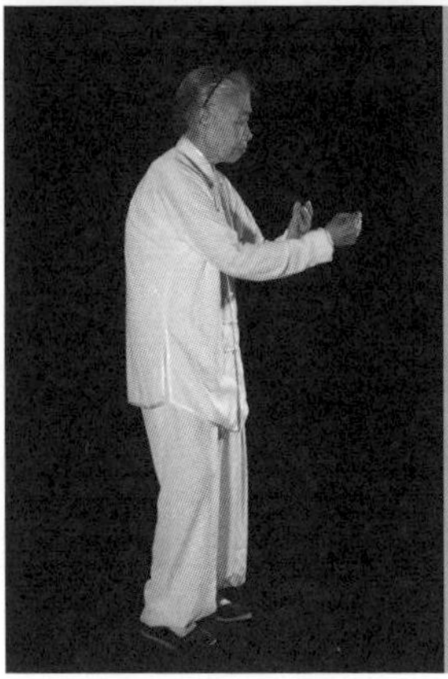

●上步七星（三）

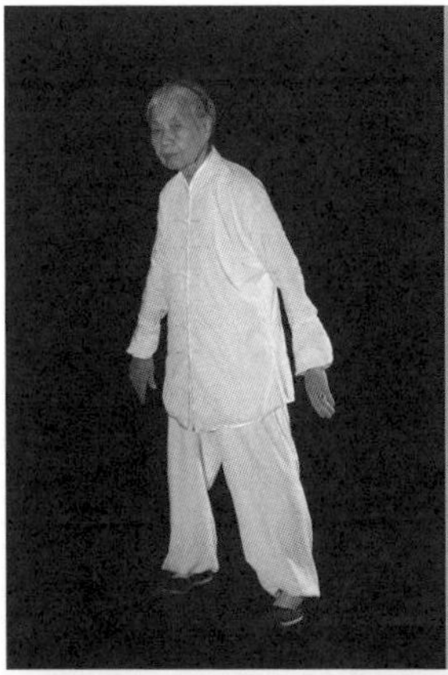

●退步跨虎

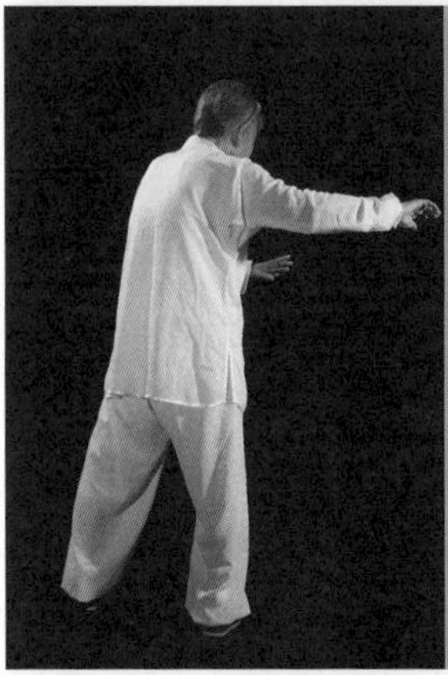

●擺腳當頭炮（一）

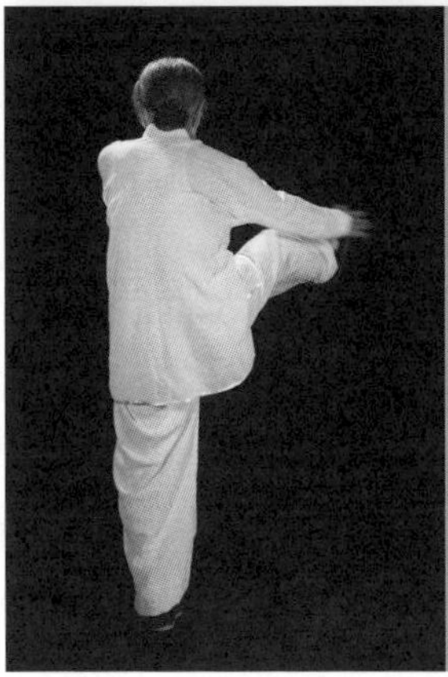

●擺腳當頭炮（二）

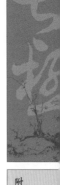

我身無處非太極，無心化成如珠圓。

● 擺腳當頭炮（三）

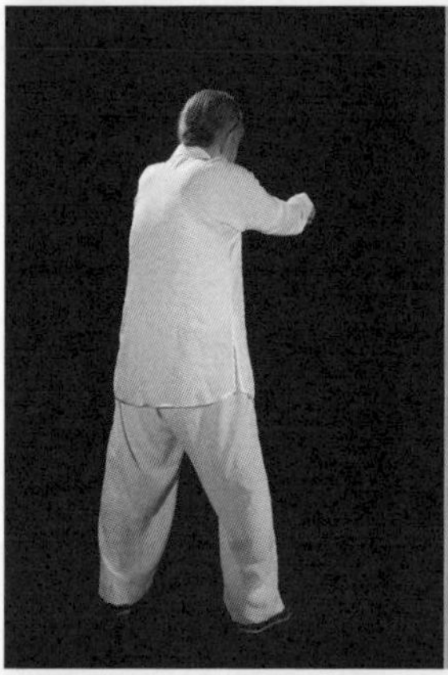

● 擺腳當頭炮（四）

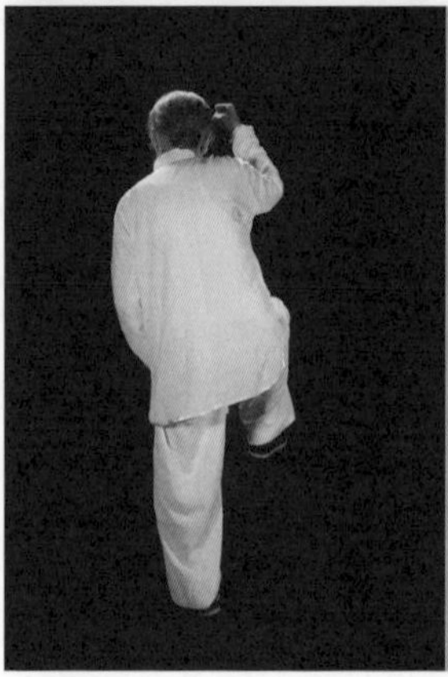

● 金剛搗碓收勢（一）

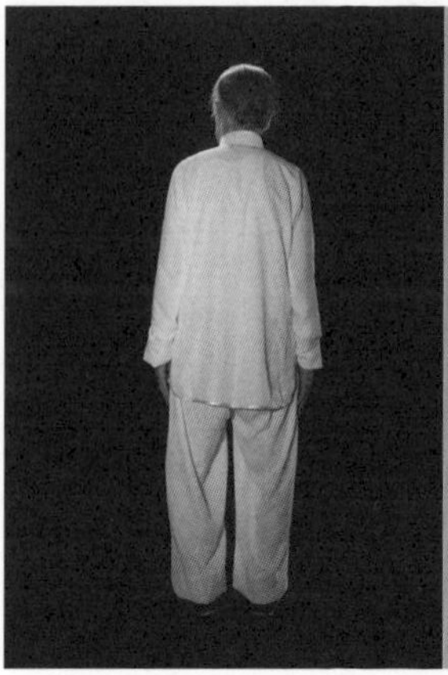

● 金剛搗碓收勢（二）

其勁在肌膚，謂之纏絲。

NOTE

陳金鰲傳陳式太極拳 暨手抄陳鑫老譜

編 著 者｜陳金鰲
收 藏 者｜陳鳳英 辛愛民
點 校 者｜吳穎鋒 薛奇英
責任編輯｜王 璇

發 行 人｜蔡森明
出 版 者｜大展出版社有限公司
社　　址｜台北市北投區致遠一路 2 段 12 巷 1 號
電　　話｜（02）28236031・28236033・28233123
傳　　真｜（02）28272069
郵政劃撥｜01669551
網　　址｜www.dah-jaan.com.tw
電子郵件｜service@dah-jaan.com.tw

登 記 證｜局版臺業字第 2171 號
承 印 者｜傳興印刷有限公司
裝　　訂｜佳昇興業有限公司
排 版 者｜弘益企業行
授 權 者｜北京科學技術出版社
初版 1 刷｜2023 年 11 月

定　　價｜450 元

國家圖書館出版品預行編目 (CIP) 資料

陳金鰲傳陳式太極拳　暨手抄陳鑫老譜／陳金鰲　編著，
陳鳳英、辛愛民收藏，吳穎鋒、薛奇英　點校
——初版——臺北市，大展出版社有限公司，2023.11
　面；21 公分——（陳式太極拳；17）
ISBN 978-986-346-436-5（平裝）
1.CST：太極拳
528.972　　　112015986